清华终身学习系列出版物

# 卓越团队绩效魔方
## 带团队的九个密码

Magic Cube for Excellent
Team Performance

陈　慧　陈艳军　王京燕 ◎ 著

清华大学出版社
北京

## 内容简介

如何带出成功的团队？如何实现团队绩效的提升？如何通过团队打造成功职场人设？本书以科学的管理理念，将团队管理目标、制度、文化三维度与团队运营规划、执行、完善三维度相联系，通过三个部分、九章的内容，解读打造高效团队的九个密码，每一章拆解一个密码，同时辅以大量的管理案例，生动形象地为团队管理者解读团队管理中存在的主要问题，以及可以使用哪些策略打造高绩效团队。

本书不仅可读性强，而且具有很强的可操作性，适合团队管理者以及未来有望成为团队管理者的职场人士阅读。通过阅读本书，读者不仅能够了解团队存在的困难和问题，还将能够快速掌握团队管理的技巧和方法，提升团队绩效，打造高绩效团队。

本书封面贴有清华大学出版社防伪标签，无标签者不得销售。
版权所有，侵权必究。举报：010-62782989，beiqinquan@tup.tsinghua.edu.cn。

**图书在版编目（CIP）数据**

卓越团队绩效魔方：带团队的九个密码 / 陈慧，陈艳军，王京燕著．—北京：清华大学出版社，2022.7

（清华终身学习系列出版物）

ISBN 978-7-302-59780-3

Ⅰ.①卓… Ⅱ.①陈… ②陈… ③王… Ⅲ.①企业管理－团队管理 Ⅳ.① F272.90

中国版本图书馆 CIP 数据核字 (2022) 第 001656 号

责任编辑：刘　洋
封面设计：汉风唐韵
版式设计：方加青
责任校对：宋玉莲
责任印制：丛怀宇

出版发行：清华大学出版社
网　　址：http://www.tup.com.cn，http://www.wqbook.com
地　　址：北京清华大学学研大厦A座　　邮　编：100084
社 总 机：010-83470000　　邮　购：010-62786544
投稿与读者服务：010-62776969，c-service@tup.tsinghua.edu.cn
质 量 反 馈：010-62772015，zhiliang@tup.tsinghua.edu.cn
印 装 者：三河市东方印刷有限公司
经　　销：全国新华书店
开　　本：170mm×240mm　　印　张：15.5　　字　数：240 千字
版　　次：2022 年 7 月第 1 版　　印　次：2022 年 7 月第 1 次印刷
定　　价：79.00元

产品编号：091897-01

# 本书编委会

主 编

宗 燕

副主编

林兆广

委员（按姓氏笔画排序）

王爱义　刘志彬　孙　茗　李思源　吴志勇　张　磊
张玉坤　武为民　周远强　钟宜钧　徐学军　唐　玲

# "清华终身学习系列出版物"总序

**我们已进入了终身学习时代！**

法国著名教育家保罗·朗格朗（Paul Lengrand）1965年在联合国教科文组织主持召开的第三届促进成人教育国际委员会会议上提交了"终身教育议案"，重新认识和界定教育，不再将教育等同于学校教育，而视教育为贯穿整个人生的、促进个体"学会学习"的全新概念。1970年，保罗·朗格朗首次出版《终身教育引论》，详细阐述其对终身教育的理解，带来了革命性的终身教育和终身学习的思想，使我们进入终身教育、终身学习时代。终身教育、终身学习思想，它不仅仅是一种思想体系，更是一种教育改革和教育政策制定设计的基本原则，是构建未来教育体系的指针。

**进入21世纪以来，国际组织愈发倾向以终身学习（Lifelong Learning）覆盖终身教育（Lifelong Education）**。2008年，欧洲大学协会制定并发表《欧洲大学终身学习宪章》，明确提出在大学发展战略中应植入终身学习理念，大学的使命和发展战略中应包含构建终身学习体系的规划，为营造终身学习的文化氛围发挥关键作用。2015年11月，联合国教科文组织发布《教育2030行动纲领》，确立了"确保全纳平等优质的教育，促进终身学习"的宏大目标，标志着全球教育进一步迈向了终身学习的新时代，是否践行终身学习理念，成为衡量一个国家教育现代化水准的一面镜子。

终身学习理念也促进人们对工作、学习及人生的深层次思考。2016年，伦敦商学院（LBS）教授琳达·格拉顿（Lynda Gratton）和安德鲁·斯科特（Andrew Scott）在两人合著的新书《百岁人生：长寿时代的生活与工作》（The 100-Year Life: Living and Working in an Age of Longevity）中预言，人类已经进入长寿时代，我们这代人活到100岁将是大概率事件。长寿时代，我们的人生格局将会发生巨大改变。传统的学校学习、单位工作、退休养老的三段式人生终将被更多段式的人生格局所取代。所谓更多段式，就是一辈子被分割成4段、5段，甚至7段、8段，乃至更多小阶段。每一小段都有自己不同的主题，各段之间穿插进行，不会再有明确边界。所以，从个人生命周期来说，学习将成为人的一生的习惯及人生的常态，"学生"将是贯穿一生的唯一职业。而多段式人生的学习应该是连接过去、通往未来的终身学习，这将是未来多段式人生节奏中的一种经常出现的状态。

我国党和政府也十分重视终身教育和终身学习，党的十六大、十七大、十八大、十九大都有相关论述。习近平总书记对于终身学习有着一系列重要表述。2013年9月9日在教师节致全国广大教师慰问信中，他特别要求"牢固树立终身学习理念"。2013年9月25日在"教育第一"全球倡议行动一周年纪念活动贺词中，他指出"努力发展全民教育、终身教育，建设学习型社会"。2019年11月召开的中共十九届四中全会明确把"构建服务全民终身学习的教育体系"作为推进国家治理体系和治理能力现代化的重大战略举措，并提出"完善职业技术教育、高等教育、继续教育统筹协调发展机制"。

继续教育既是终身学习理念的倡导者、传播者，也是终身学习的重要载体。美国教育社会学家马丁·特罗认为：高等教育是学校教育和终身学习两个系统的关键节点，必须担负起不可替代的历史重任。因此，发展继续教育是高校应承担的使命和责任，以终身学习理念引领推动高校本科、研究生教育与继续教育统筹协调发展，构建体系完备的人才培养体系，是高等教育综合改革的一个重要趋势和方向。

清华大学继续教育以终身学习理念引领改革和发展，以"广育祖国和人民需要的各类人才"为使命，努力办出特色办出水平。为了更好地总结清华大学继续教育三十多年的创新实践，清华大学继续教育学院启动了"清华终身学习丛书"编写出版工作，该丛书以习近平新时代中国特色社会主义思想为指导，顺应国内外终身学习发展的大趋势，围绕终身学习/继续教育基本理论、创新实践及学科行业新前沿，理论创新与实践应用并重，争取在五年内推出一系列精品图书，助力中国特色、世界一流的继续教育建设。

聚沙成塔、集腋成裘。希望通过这套丛书，倡导终身学习理念，弘扬终身学习文化。

*郑力*
**清华大学副校长**

# 目录

**引言**

## 用科学的方法重新思考团队的成功 / 1

第一节　成功团队：以绩效说明一切 / 2

第二节　成功规律：高效团队成功有规律可循 / 7

第三节　成功职场：如何使用本书帮助自己建立高效团队？ / 15

## 第一部分
## 目标：团队的灯塔

**第一章**

## 有目标的团队才不是乌合之众 / 20

第一节　愿景目标：让团队成员找到工作的意义 / 21

第二节　工作目标：让团队成员了解工作的内容 / 31

第三节　行动目标：让团队成员明确工作的任务 / 39

行动指南 / 45

测评：团队目标规划健康度测评 / 46

## 第二章

## 缺乏执行的目标是空中楼阁 / 48

第一节　目标承诺：提升愿景目标的可见度 / 49

第二节　考核机制：促使工作目标有效达成 / 55

第三节　工作环境：打造有利于实现行动目标的氛围 / 61

行动指南 / 68

测评：团队目标执行度测评 / 69

## 第三章

## 目标的增长来自于反思与完善 / 71

第一节　愿景目标的动态调整：更抽象还是更具体？ / 73

第二节　工作目标的完善：如何促使工作目标不断增长？ / 77

第三节　行动目标的反馈：促进团队成员成长 / 83

行动指南 / 91

测评：团队管理者反馈水平测评 / 92

## 第二部分
## 制度：团队的保障

### 第四章

### 有制度的团队才不会劳而无功 / 96

第一节　制度的作用：制度才是真正的管理者 / 97

第二节　制度的原则：制度建设有规律可循 / 103

第三节　制度的类型：重绩效也重能力 / 109

行动指南 / 117

测评：团队制度规划健康度测评 / 118

### 第五章

### 缺乏执行的制度是一纸空谈 / 120

第一节　好的制度容易被执行 / 120

第二节　绩效达成制度要为团队目标保驾护航 / 125

第三节　能力提升制度服务于团队的可持续发展 / 131

行动指南 / 138

测评：团队制度执行健康度测评 / 139

## 第六章
### 制度的活力在于发展 / 141

第一节　团队制度需要推陈出新 / 141

第二节　绩效达成制度需要发展完善 / 147

第三节　能力提升制度需要与时俱进 / 152

行动指南 / 157

测评：团队制度完善健康度测评 / 158

## 第三部分
## 文化：团队的灵魂

## 第七章
### 有文化的团队才不是一盘散沙 / 162

第一节　团队文化一点也不虚幻 / 164

第二节　团队文化真的很重要 / 169

第三节　学会打造高绩效文化 / 174

行动指南 / 183

测评：团队文化设计健康度测评 / 184

## 第八章

## 缺乏行动的文化是无稽之谈 / 186

第一节　团队文化落地遵循四大原则 / 186

第二节　文化的绩效维度紧盯目标 / 193

第三节　文化的关系维度强调团队成员的发展 / 199

行动指南 / 208

测评：团队文化执行健康度测评 / 209

## 第九章

## 团队文化理念需要思新求变 / 211

第一节　团队文化需要应时而变 / 211

第二节　绩效文化需要创新、迭代和试错 / 216

第三节　关系文化需要开放、包容和平等 / 221

行动指南 / 228

测评：团队文化完善健康度测评 / 229

**参考文献** / 231

# 引言

# 用科学的方法重新思考团队的成功

1961年4月16日,由美国中情局培训的一些古巴人,带着"光复"的使命,从佛罗里达州出发,17日到达古巴的猪湾,想在这里登陆后开展一系列的"革命"活动,推翻刚成立不久的卡斯特罗政府。没想到的是,他们很快遭到古巴空军的袭击,登陆的1400人当中114人死亡,1189人被俘,该事件就是历史上赫赫有名的"猪湾事件"[1]。消息传到美国,引起民众一片哗然,也引起周边国家的强烈不满,中情局策划的这一行动不仅损失惨重,而且给当时的肯尼迪政府带来很大的政治危机。批评者认为中情局给总统提供了错误的情报,百口莫辩的中情局则认为是军队不给力。显然,肯尼迪政府做出的决策是拙劣的,试想一下,为肯尼迪政府决策进行支持的团队应当是当时美国的精英,为什么会做出如此愚蠢的决策呢?

这个故事挑战的是大众对团队所持有的固有观念:"三个臭皮匠赛过诸葛亮""众人拾柴火焰高"以及"人多力量大"等,人多就一定力量大吗?众人在一起的时候就一定能够带来更好的业绩吗?对这个问题的回答显然是否定的!人多有可能带来"搭便车"的现象,"三个臭皮匠"未必能够想出好主意。一群人聚集在一起未必就是一个团队，也许是一群乌合之众。因此是什么影响了团队，是什么影响了团队的成功？怎样才能带出一个优秀的高效团队呢？

# 第一节　成功团队：以绩效说明一切

## 一、有共同目标的才是团队

纵观人类历史，团队一次次发挥重要作用，影响人类前进的脚步[2]。例如，从20世纪几次重要的战争中都可以看到团队的巨大影响：第二次世界大战期间的英国特种空勤团以小团队作战的方式在北非沙漠获取情报，精准打击敌人，抗美援朝时中国人民志愿军使用的"三三制"也是通过小团队协作的方式进行灵活作战，取得胜利。21世纪的企业面对着管理环境的巨大不确定性，就更加需要灵活的小团队不断试错，在前进中迅速调整策略和打法以获得市场竞争的成功。华为的"铁三角"、韩都衣舍的三人小组、海尔生态链前端的小团队、脸书（Facebook）的临时小团队等，都一再证明团队发挥着巨大作用。

那么什么是团队？为了完成某一项任务把员工聚集在一起就可以称之为团队吗？一个新组建的部门是团队吗？一个仅有数名员工的小型创业企业是团队吗？又或者我们写作三人小组是团队吗？按照管理学家罗宾斯的看法，它们可能只是群体（group），而非团队（team）。罗宾斯认为团队需要"通过成员的共同努力产生积极的协同效应，……使团队的绩效水平远大于个体成员绩效的总和"[3]。哈克曼给出的团队标准则远远低于罗宾斯，他认为"团队是完整的社会系统，具有完整的边界，成员间互相依存，成员有不同的作用"[4]。不同的管理学家对团队内涵的看法存在差异，笔者则更倾向于麻野耕司的看法："具有共同目的，由两个以上的人组成的团体"[5]。

从这个意义上来看，只要有两个以上的人，且有共同目标的就是团队，所以，为完成一项工作把员工聚集在一起是团队；一个新组建的部门、一家小型创业企业只要有明确的目标也是团队。在该定义中，团队的人数没有上限，所以，小到二人小组，大到数万人甚至数十万人的组织，只要拥有共同目标，都可以称之为团队。但不可忽略的事实是：当团队规模过大，团队管理者的管理难度增加，团队成员互动困难的时候，就会裂变为一个个更小规模的团队。以军队为例，一个集团军可以称之为一个团队，但是它必须以班、排、连、营、团、旅、师、军的方式编排，才能够成为一个有机的整体。**本书关注的团队是组织内部的有机组成部分而非组织本身作为一个团队**。从规模上来看，没有任何证据证明团队规模多大最有效。依然以军队为例，全世界军队构成单元的规模大致相当（如俄罗斯军队的构成单元是9人，中国人民解放军则是10人左右）[6]，而按照邓巴的观点，团队规模似乎存在一个上限，这个数字是147.8人，四舍五入为150人，这个数字被称为邓巴数字（Dunbar's number）[7]，因此，**本书所关注的团队规模也在150人的范围内**。

## 二、评价团队高效是多指标的

不是每一个团队都是铁打的队伍，也不是一群人组织在一起就是高效的团队。从学术的角度来看，有很多团队被称为"功能失调"的团队：团队成员之间缺乏信任，难以有效沟通和相互协作，团队内部成员认为自己的目标和需要高于团队目标，成员对团队目标缺乏承诺等[8]。所以，如何定义高效团队呢？具备哪些特征才是高效团队呢？罗宾斯认为一个高效团队应该具有9个特征，分别是：清晰的目标、相关的技能、相互的信任、一致的承诺、良好的沟通、谈判的能力、合适的管理者、内部的支持和外部的支持[3]。纳德勒等认为高效是团队最终活动的结果，可以从生产结果、成员满意感和继续合作的能力这三方面来评价[9]。哈克曼认为高效团队的效能分为三个维度：（1）团队的决策能够在多大程度上提高组织绩效；（2）团队成员执行决策的一致性承诺以及未来继续合作的意愿；（3）团队过程在多大程度上满足成员发展需求和满意度需求[4]。结合前人的研究成果，**笔者认为评价一个团队是否高效的指标是：工作绩效、团队成员的满意度、团队人才发展与团队能力的提升**。

案例 0-1

## 冠军队与明星队可以一战吗？

2021年5月29日，在波尔图巨龙球场切尔西队以1∶0的比分战胜曼城队，获得2021年欧洲冠军足球联赛冠军。这是切尔西时隔9年再次获得欧冠冠军，也是切尔西队史上的第二次该赛事冠军。设想一下，如果夺冠的切尔西队与世界其他各国强队最棒的队员组成的明星队踢一场球的话，谁会赢？相信大部分人会回答说——切尔西队！

按照本书的定义，明星队有共同目标，人数超过2人，也是团队，而切尔西队才是高效团队。由于长期的磨合与沟通，切尔西队拥有良好分工协作与信任关系，个人目标与团队目标完美地结合在一起，团队成员对团队目标有高度的承诺，也因此能够带来良好的绩效——战胜欧洲所有俱乐部强队赢得欧冠冠军的称号，高效的切尔西队最大牌的球星吉鲁都排不进现役世界前10，信任、高效的沟通协作是团队成功的关键。

**思考**

在现实工作中，很多团队管理者有这样的想法：如果自己团队的所有成员都是精兵强将，何愁业绩上不去呢？但是在切尔西队与明星队的对阵中，相信明星队所有的成员都是全世界能力最强的选手，为什么却无法战胜个人技战术并没有那么突出的切尔西队呢？

**启示**

这说明团队并非能够实现"1+1=2"的效应，有最出色的团队成员，不一定有优秀的业绩，团队管理者必须使用多种手段和方法将每一个个体凝聚起来，才能够有效地发挥作用，成为本书所说的高效团队。

## 三、团队为企业应对不确定管理环境开辟新路

进入21世纪，团队再次以其灵活、敏捷、高效的特征赢得企业的重视。

过去的2020年是不平凡的一年，在这一年里几乎所有人都一次又一次地见证了历史：一个小小的病毒肆意破坏人类已经形成上千年的生活习惯，人们

在相当长一段时间里，不能外出，无法正常工作、学习和生活，人与人无法保持正常接触成了"新常态"。为了安全，大部分国家都一度采取了"闭关锁国"的政策，一时间，曾经热热闹闹的大街小巷变得空空荡荡，人潮汹涌的市场开始门可罗雀，"新冠病毒"成为2020年最大的黑天鹅！在这段时间里，企业无法正常运作，员工无法正常上班；2020年初做好的企业战略规划和工作计划几乎成了一张张"废纸"，部分企业上半年的营收竟然是零。魔幻的2020年，再一次证实了乌卡（VUCA）时代的主要特征，VUCA即volatility（易变性）、uncertainty（不确定性）、complexity（复杂性）、ambiguity（模糊性）的缩写。在这样的时代，谁也不知道未来会发生什么，但可以预料的是——不确定的事情一定会再来，而且会以越来越频繁的方式来，企业面临的经营环境越来越不确定。以前的企业知道自己跟谁竞争，自己为谁服务，自己的利润来源于哪里，企业经营的风险有哪些，风险该如何防范，等等。而未来的企业可能已经无法明确地知道自己与谁竞争，竞争什么，给自己带来改变的也许是竞争对手，也有可能是客户，更有可能的是高度不确定的环境。

**在如此不确定的环境下，企业必须认真思考如何通过更加灵活的组织结构应对变化，如何使用具备变通性的组织战略应对巨大挑战。**

灵活的组织结构需要企业抛弃大工业时代的"科层式"组织结构。"科层式"组织结构的主要特征是稳定、高耸，通过严格的管理制度来规范和约束企业，通过集权来降低成本，通过控制来提高产品质量。而未来的组织需要使用扁平化的组织结构，通过灵活的小团队更好地满足消费者个性化的需求，应对不断变化的外部环境。

为什么团队能够用来应对企业"不确定性"很强的外部环境呢？首先，团队拥有很强的灵活性。由于团队的人数较少，因此能够根据市场的变化、客户的需求等对工作任务进行调整，能够很好地满足"不确定性"环境的要求。2017年刘强东在京东提出"乐高积木式"组织结构的设想：打开业务环节之间的强耦合关系，使之成为一个个可拆分、可配置、可组装的插件。通过对多个可选插件进行个性化组合，可以满足客户不同的偏好和需求。团队就可以成为"乐高积木式"组织的各个有机插件。其次，团队的试错成本低。传统的组织是"先瞄准，后射击"，先明确组织目标和组织战略，再整合资源达成目标。但是市场竞争环境的不确定性增强，企业必须做到"边瞄准，边射击"，通过广泛试错来校准组织目标和组织战略，由于团队的规模小、结构简单，因此试错成本低，适合在执行的过程中不断校准组织目标。最后，团队的激励性好。由于团队的规模较小，团队内部沟通协调比较顺畅，团队成员也容易得到团队管理者的授权，不仅能够应对"不确定性"的环境，也有利于人才培养。

### 案例 0-2

## 用团队满足女性的个性化需求

韩都衣舍是一家成立于2008年的企业，专注女装品牌。如何定义这家企业呢？好像这个问题还挺难回答的，是一家以设计、生产和营销韩范儿女装为商业模式的制造业企业吗？但是它没有机器，也没有厂房；是一个营销渠道吗？但是它又有很多的设计和运营团队。

生产女装是一件挑战性很大的事儿，女性一年四季对服装的需求都存在差异，即使在同一个季节，不同年龄、性格、学历、职业女性的需求也存在差异，甚至同一位女性，在同一个季节，在不同的场景下也有不同的需求，所以，打开很多女性的衣柜，都会发现琳琅满目的服装以及配饰，但是如果你问她们哪一件衣服是她们的最爱，她们永远会回答——下一件！很简单，衣柜里永远缺少一件衣服去搭配其他的服装。所以，女性对服装的要求是相当个性化的。

韩都衣舍如何去满足广大年轻女性的个性化需求呢？答案是使用团队。韩都衣舍的团队一般由三个人组成，一个负责页面设计，网络营销的时候需要设计页面，一个负责服装设计和打版，这是服装企业最重要的事情，还有一个负责运营，面料的选择、生产企业的选择等。这样的一个小小团队，不仅负责设计和生产服装，还可以确定如何定价，在哪里营销，是否参加各种促销活动，以及促销力度有多大，等等。

如果一件产品卖得很好，客户满意度很高，他们可以选择继续扩大生产，满足更多客户的需求；而如果一件产品卖得不好，他们便可以尽快止损，通过生产新的产品来满足客户的其他需求。通过这样的方式，韩都衣舍成为7年全网女装销量领先的品牌！

**思考**

为什么团队成为韩都衣舍制胜的法宝？

**启示**

韩都衣舍面临的经营环境具有以下特征：（1）客户需求高度个性化；（2）客户需求变化速度很快；（3）由于进入门槛不高，企业面临较为激烈的市场竞争。因此，韩都衣舍需要高度灵活的组织结构去应对变化的市场和客户需求。通过赋能与授权于高度灵活的小团队，韩都衣舍异军突起，成为受瞩目的明星企业。

使用灵活的小团队，在传统组织看来简直无法理解，组织没有明确的组织结构，内部管理"非常混乱"，今天团队成立了，明天可能就解散了，今天服务于这个客户，明天可能又会从事另外一项业务，组织内部没有特别成型的组织结构，好像也没有明确的工作任务，甚至今天干什么、明天干什么都无法计划，因为得看客户的需求，还得看环境的变化。但是，在看似"混乱"的过程中，正是这一个个小小的团队为企业创造了价值，服务了客户。

## 第二节　成功规律：高效团队成功有规律可循

### 一、高效团队成功是有规律的

从 1911 年泰勒的《科学管理原理》诞生起到现在，论述团队的著作浩如烟海，成功的高效团队与失败团队的案例也多如牛毛，每一位团队管理者都希望自己带出高效团队，但现实世界的状况却是"功能失调"的团队比比皆是，是什么造就了团队的成功？高效团队有规律可循吗？这些规律能够为 21 世纪的团队管理者认知并学习吗？

**案例 0-3**

**乔布斯并非一匹孤狼**

谈到 iPhone、iPod、iPad，大家首先想到的是史蒂夫·乔布斯，乔布斯被大众想象为一匹才华卓绝的"孤狼"，他在苹果公司创造着一个又一个奇迹，是"改变世界"的孤胆英雄，这并不是事实。

大学肄业的乔布斯对电子技术并不是那么精通，乔布斯背后需要一个又一个团队支撑着乔布斯的产品理念和产品思想，比如iPod就是首席工程师乔恩·鲁宾斯坦根据乔布斯的思路组建的团队设计和制作的。

乔布斯的伟大之处在于：他知道如何找到合适的合作伙伴，知道如何激励他们，如何与他们通力合作制造出最完美的产品。乔布斯最终选择蒂姆·库克管理他所成立并发展壮大的苹果公司。库克与乔布斯的性格特征存在巨大差异，乔布斯脾气暴躁，性格狂野、霸道，说一不二，对工作有着巨大的激情，库克则是一个性格内敛，脾气温和，说话做事有条理，情绪稳定性非常高的人。他们彼此通力合作，最终使得苹果公司取得巨大的成功。

**思考**

乔布斯与库克的团队协作无疑是高效团队，他们的成功可以学习吗？这背后又隐藏着怎样的规律呢？

**启示**

乔布斯虽然脾气暴躁，但他知道如何与人合作，知道完美的思想也需要去执行，当他清晰地了解自身的优势与劣势时，就能够找到与自己完美互补的人选进行团队协作。正是由于乔布斯找到了团队运作的规律，他才取得了伟大的商业成就。

---

为了更清晰地回答这些问题，笔者在中国知网以"高绩效团队""成功团队"为关键词搜集了近20年来的中外文文献72篇，对文献进行关键词分析，生成一个直观的词云，可以看到"目标"一词超越其他词汇成为最显眼的关键词，这是对高效团队的一个初步分析（见图0-1）。

图0-1　高效团队高频词的词云分析

对关键词进行深入分析,并手工排除"高效""效能""业绩"等直接描述高效团队这一结果的词汇,得出词频排序前 30 的关键词(见表 0-1)。

表 0-1 "高效团队"成功的关键词

| 排序 | 关键词 | 词频 | 排序 | 关键词 | 词频 |
| --- | --- | --- | --- | --- | --- |
| 1 | 目标 | 40 | 16 | 环境 | 9 |
| 2 | 能力 | 22 | 17 | 质量 | 9 |
| 3 | 影响 | 20 | 18 | 发展 | 9 |
| 4 | 共同 | 16 | 19 | 管理 | 9 |
| 5 | 沟通 | 15 | 20 | 协作 | 8 |
| 6 | 过程 | 15 | 21 | 规模 | 8 |
| 7 | 组织 | 14 | 22 | 决策 | 8 |
| 8 | 建设 | 14 | 23 | 角色 | 7 |
| 9 | 技能 | 13 | 24 | 行为 | 7 |
| 10 | 明确 | 13 | 25 | 关键 | 7 |
| 11 | 任务 | 11 | 26 | 系统 | 6 |
| 12 | 关系 | 11 | 27 | 方法 | 5 |
| 13 | 管理者 | 11 | 28 | 个人 | 5 |
| 14 | 合作 | 10 | 29 | 努力 | 5 |
| 15 | 凝聚力 | 9 | 30 | 支持 | 5 |

这些关键词读上去非常杂乱,怎么体现高效团队的成功规律呢?如何对这些关键词进行进一步解读呢?1938 年切斯特·巴纳德在他的著作《经理人员的职能》一书中提出:"组织像一个合作系统一样运作"[10]。到 20 世纪 60 年代就有学者开始细致地研究系统理论,把组织作为一个开放的系统,从环境中获得投入(资源),将这些资源转化或者加工为产出,再将其分配到环境中,组织对环境"开放"并与之互动[11]。按照这个思路,团队也可以被设想为一个系统,有输入、过程与输出,输入的是资源(人、财、物)、任务、目标、管理等,过程是互动,团队成员相互沟通、影响、协作、支持的关系,输出的是成果就是本书所关注的重点——高效团队,同时有组织和环境作为背景。以此为思路,将表中 30 个关键词分别放入输入和过程两大环节。输入强调更多的

是资源，如目标/任务、（人员）能力/技能/努力、构建/管理/组织/等，过程强调更多的是互动与执行，如过程、影响/沟通/协作/合作/支持、关系、凝聚力等。由此，**打造高效团队的秘密已经逐渐展开，并形成两个重要的关键词——输入和过程**。输入强调的是资源，如何通过管理的方式为团队输入目标、人才、制度；过程强调的是互动，如何通过运营的方式有效使用沟通、协作、凝聚和支持实现团队目标，并达成团队的高效（见图0-2）。

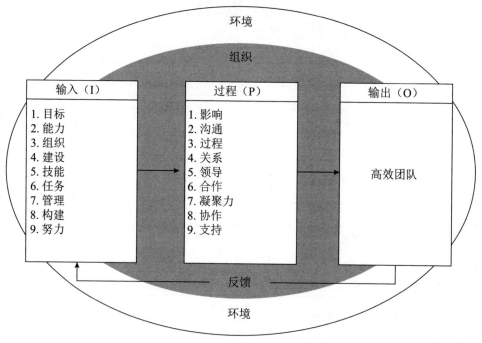

图0-2 高效团队的系统观

由此提出高效团队的密码——两大维度，每一个维度有三项要素，共同组成九个密码。两大维度是管理维度和运营维度，管理维度指的是输入，重点关注团队管理者需要做什么，本书强调团队管理者在带队伍的过程中需要做的三件事，分别是目标、制度和文化，运营维度指的是过程，强调如何做到这三件事，分别是规划、执行和完善三项内容，两大维度共同组成九个高效团队成功的密码（见图0-3）。

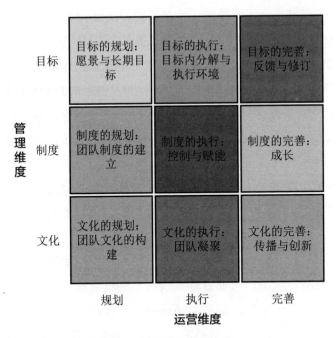

图 0-3 团队的成功密码

## 二、管理维度：目标、制度与文化

从团队管理的角度来看，带团队首先需要关注目标、制度和文化。

**第一，目标是团队努力的方向。**对一个团队来说，最重要的就是目标，目标能够给团队带来很大的激励作用，一个没有目标的团队是乌合之众！甚至连乌合之众都算不上。有目标的团队，成员才会有努力的方向，才知道自己为什么而工作，才会向着目标付出自己的努力，因此目标是团队成功的第一个密码！关于目标这一密码，笔者将告诉大家这些事情——团队需要怎样的目标，如何为团队设计目标，团队的目标有什么用，什么样的目标对团队具有激励作用，如何分解目标，如何对目标的执行和实施进行考核，要不要关注目标反馈等。

**第二，制度是目标达成的保障。**有句话说，不以规矩不能成方圆，制度就是团队的规矩，但是团队不同于组织，团队都需要哪些制度，哪些制度对团队的成功作用最大呢？所有的制度都是有成本的，俗话说：大道至简，最简单的效果最好，所以笔者会为大家推荐最简单的，最能够帮助团队取得成功的必要制度，这些制度包括：分工、激励、授权、能力建设、人员培养和沟通等制度，通过制度设计的操作性，使得大家知道该如何设计团队的制度。

**第三，文化是团队的软实力。**文化是软性的东西，但也对团队的成功起到至关重要的作用。记得有一个讲时间管理的老师曾经举过这样一个案例：要把石头、石子儿和水放到一个大桶里，怎么才能保证全部材料都能够放进去呢？答案是先放最大的石头，然后放石子儿，等石子儿放进去后，再在缝隙里填满水，最后所有的东西都各归其位。老师使用这个案例是想说明，时间管理就是要把时间放在最重要的事情上，不重要的事情见缝插针地干就是了。这个案例用来说目标、制度和文化之间的关系也是非常恰当的。目标就是最大的那块石头，一个团队没有目标就没有存在的必要性，达成目标是一个团队存在的根本原因，所以是石头。石子儿是制度，毕竟大石头放进桶里会产生很多的缝隙，如果没有石子儿把这些缝隙填满，可能目标这块大石头就会松动，因为晃晃荡荡的石头有可能掉出大桶。而水呢，则负责填满最小的缝隙，即使是最完善的制度也有照顾不到的地方，而且不可能所有的事情都需要有制度和规定，那么怎么办？靠水来填满所有的小缝隙，文化就是柔软的水，将团队凝聚在一起。文化让大家知道自己该干什么，不该干什么，做哪些事情才是符合团队要求的，哪些事情做了只会给团队带来损害，自觉遵守团队的要求，是文化最终达成的目标，所以在文化这个部分关注的是责任、进取、成长、信任、沟通和协作，通过这些方式使得团队得到进步。

目标、制度与文化并非独立存在，它们之间存在着联动关系（见图0-4）。

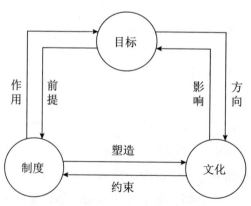

图0-4 目标、制度与文化的联动关系

第一，目标对制度和文化具有指引作用。目标决定了使用什么样的制度，创造什么样的文化氛围。比如，一个需要不断创新，把创新作为目标的团队，不能有过多严格的规定，太多的规定与约束会限制团队成员的创新能力。同样，当团队需要创新的时候，也势必需要营造一个平等的文化氛围，在团队中团队成员可以大胆说出自己的想法，不必担心得罪人，也不必担心管理者是不是高兴。

第二，制度不仅是目标达成的保证，也会反作用于目标，并会塑造团队文化。有了良好的分工、激励、授权、能力建设、人员培养和沟通等制度，才能确保目标有效达成。如果没有制度的加持，凡事靠团队成员自觉，显然是行不通的。不过，制度的执行也会反作用于目标，在执行的过程中发现的问题，可能会成为下一阶段的目标。如：在制度执行过程中发现授权制度有漏洞，可能下一阶段工作目标之一是改善授权制度。同样，制度也会塑造团队文化，过多、过细的制度显然会使得团队成员清楚地知道：团队喜欢通过制度控制人、对团队成员不够信任，久而久之，团队文化就会显现相互指责和推卸责任的现象。反过来，如果团队缺乏制度的约束，成员就可能自由散漫，团队文化也会变得散漫、降低团队的工作效率。

第三，文化受到目标和制度的约束，也会影响目标，推动制度的完善。前面已经论述了目标和制度对文化的影响。作为一种氛围，文化使得团队成员知道自己应该对目标做出怎样的承诺，对制度执行到什么程度，这些无法用语言表达或者规定于文字的内容，是团队成员心知肚明的。长期形成的文化氛围，对目标和制度也会产生影响。一个团队如果强调丛林法则，多半会严格按照绩效来发放报酬，但是如果强调的是家文化，多半会平均分配所得的利润。

## 三、运营维度：规划、执行和完善

从团队运营的角度来看，目标、制度和文化需要规划、执行和完善，才能保障团队高效。规划、执行和完善还能够确保团队的管理呈现一个闭环，在规划、执行的过程中不断发展和成长，体现团队的成长性和生命力（见图 0-5）。

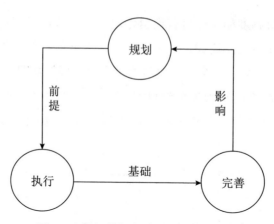

图 0-5　规划执行完善的闭环管理关系

**第一，合理的规划是执行的前提**。团队管理者需要预先思考和规划相应的目标、制度和文化。一个团队需要怎样的目标，有哪些制度来支撑目标的达成，如何设计健康的团队文化，是团队管理者首先应该思考的问题。当团队无法清晰地认识目标时，会带来各自为政、相互指责的现象。同样，团队管理者如果不清楚自己该构建哪些制度，构建什么样的制度，出现制度缺失，要么会造成目标无法达成，要么会出现制度过多，管理成本太高，团队士气低落的现象。而当团队缺乏健康的文化氛围时，团队成员不知道自己行动的依据是什么，自己应该坚持什么，也会造成团队成员的迷茫与失望。团队管理者只有事先对目标、制度和文化做好规划，才能确保工作顺利开展。

**第二，良好的执行是目标、制度和文化实施的基础**。规划好的目标、制度和文化如何在团队中得到执行，如何实施下去，也需要技巧。中国有句俗语："大志中得、中志小得、小志不得"，说的就是目标在执行过程中是会打折扣的，要想使目标得以实现，团队管理者必须学会分解目标，构建有利于目标达成的工作环境。同样，团队管理者想要为团队构建良好的制度，也需要思考如何使团队制度有效落地，充分沟通，确保团队成员了解制度的用途与价值，公平对待每一位团队成员。一个团队有了好的文化，还需要打造团队凝聚力，在执行的过程中不断强调团队的核心价值观，才能使好的文化得以落地执行。

**第三，不断完善才能使得团队日益成熟**。张瑞敏曾经说过："没有成功的企业，只有时代的企业。"可以从多个层面解读这句话，从团队的角度来看，就是要不断地迭代、更新和完善自身的目标、制度和文化，才能使团队立于不败之地。团队的目标、制度和文化在执行之后，需要随着时代的发展、团队的发展、团队成员的发展不断反思和复盘，使得下一步的规划更加完善，促使团队立于不败之地。

本书的逻辑是将团队管理三维度与团队运营三维度相联系，最终形成打造高效团队的九个密码，各章节的安排也是按照这几个密码展开论述的（见图 0-6）。

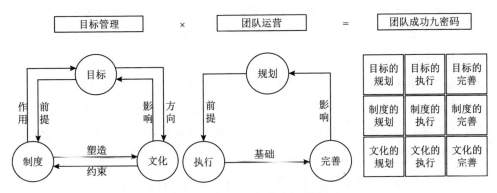

图 0-6　高效团队九个密码逻辑图

## 🏆 第三节　成功职场：如何使用本书帮助自己建立高效团队？

### 一、本书能教会你什么

未来团队会成为企业应对不确定管理环境的主要方式，因此，能够参与团队工作，学会团队协作，成为合格的团队管理者，就成为职场标配。或许每一个人都有机会成为团队管理者，成为一个好的团队管理者也就有更多机会磨炼自己的能力，也会有机会脱颖而出赢得更美好的未来。学会成为团队管理者是每一个职场人的必修课，成为团队管理者可能很容易，但是成为高效团队管理者是一件难度很大的事情。

### 案例 0-4

## 用灵活的小团队满足管理的需要

在韩都衣舍,能够成为三人小组的组长或者团队管理者,就意味着你有很大的权力:你可以决定利润的分配,可以决定生产什么样的产品等。同时韩都衣舍同样给了小组成员"起义"的机会,很简单,如果团队成员认为团队管理者利润分配的方式以及结果不合适、不公平,或者他们认为管理者的能力不足以带好这个团队,或者他们认为其实自己也可以裂变出新的团队,实现自己新的想法,他们可以选择拉自己的队伍,只要有人愿意跟他们合作。

成为一个团队管理者,不仅意味着权力,更意味着责任和工作压力。因此,韩都衣舍在内部构建了小组竞争机制,小组之间会有排名,各小组很快就能知道自己干得如何,好的小组可以得到更多资源,也能裂变出更多的团队管理者。

**思考**

韩都衣舍为什么要使用小组"竞争"与"淘汰"机制?

**启示**

通过竞争机制,避免企业内部出现"论资排辈"的现象,业绩证明团队管理者的能力,但是管理者会不会带队伍,团队成员能不能得到成长,以及是否得到了公平的待遇,也是对团队管理者能力的一个考量,通过这种机制,企业可以快速试错,发现和培养更多优秀的团队管理者。

---

这个案例说明带团队是对团队管理者能力的巨大考验:(1)带团队考验一个人的团队管理能力。带好一个团队不是一件容易的事情,每一个团队成员都有自己的脾气和秉性,正如顾客越来越挑剔,需求越来越个性化一样,团队成员也有他们的特点。如果不能把一个团队很好地融合在一起,就意味着团队可能是四分五裂的,团队成员还有可能会分崩离析,离职或者消极怠工。(2)带团队考验一个人的专业能力,即使做到大家团结一致,也不一定能够产生业绩,因为这还需要团队管理者有很好的专业能力,能够判断一件事是不是该做,一个产品是不是该生产,该生产多少,出现了问题如何解决等。(3)带团队还考验一个人的资源整合能力,团队要高效还需要团队管理者有相应的资源,这些资源包括人力、物力、财力、时间等,能不能从内外部调配

相关的资源,能不能帮助团队成员解决工作中的问题,都会对团队的绩效和发展产生很大的影响。

换句话说,能够带好一个团队,是一个人能力的表现,也是创造业绩的基础。能够带好团队,是每一个职场人提升能力,增加价值的重要方式。本书提出的高效团队成功的密码可以让读者尽快掌握团队高效的秘诀,通过阅读本书,你将学会带团队,成为高效团队的管理者,取得更大的职业成就。

## 二、你该如何阅读本书

本书用 9 章的内容拆解高效团队成功的密码,这些密码成为一个高效团队成功的拼图,使用这幅拼图,就有机会了解自己的团队在哪些方面做得不错,哪些方面需要进一步提升。当你把团队成功拼图全部拼好,就好像成功得到了一个拼好的魔方,有了这个魔方,你带团队就能够战无不胜了(见图 0-7)!

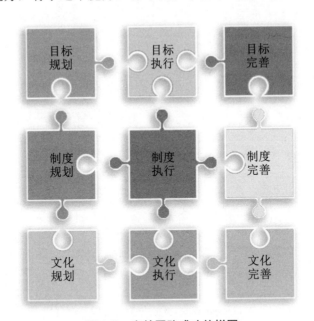

图 0-7　高效团队成功的拼图

那么,如何使用本书帮助自己取得更大的成功呢?

**第一,对自己的团队进行评估。** 从第一章到第九章,本书提供了团队成功的九张拼图,分别涉及目标、制度和文化等管理层面的内容,以及规划、执行和完善等运营层面的内容。每一块拼图形成一章完整的内容，在每一章的最后都会有一个测评，你可以先使用这些测评对自己的团队进行评估，根据测评的分数和结果，明确自己团队的优势与不足，对自己的团队有一个整体的认识。

第二，**认真阅读各章内容，结合评估成绩关注对应章节。**通过阅读各章节内容，分析自己的团队存在哪些问题，并结合评估成绩对照相应章节提出的解决方案，为自己的团队制订切实可行的行动计划，以此提升团队的优势，有效减少团队的不足。

第三，**根据行动计划促成团队成功，并根据该书内容反思自己的工作。**本书在相应章节提供的案例和解决方案可以帮助你开拓管理思路，寻找管理问题，找到问题的答案，在使用行动计划实践的过程中，还可以进一步细读相关章节，对照自己团队工作的特点，不断完善和进步，努力打造一支独具特色的高效团队。

下面将步入高效团队的奇妙之旅！

第一部分

# 目标：团队的灯塔

# 第一章 有目标的团队才不是乌合之众

对任何一个团队来说,首先需要确定目标。团队组合在一起是为了完成目标,有些团队非常明确自己的目标,有些团队对目标有一个大概的想法,但是团队成员之间缺乏相应的沟通与澄清,还有些团队则仅限于完成手头的工作,完全没有目标。研究表明,当团队有明确的目标时,绩效表现更好。因此,拥有一个恰当的目标,是团队管理者需要首先思考的问题。

团队管理者一定都希望看到这样的场景:团队成员为了一个共同的目标而相互协作、努力奋斗、不计个人得失!但是怎样才能实现这美好的愿望呢?团队管理者需要学会设计目标。麻野耕司认为团队应该具备的三个目标是意义目标、成果目标和行动目标[5]。借鉴这一看法,在团队中每一位管理者都需要回答关于团队的"2W1H"问题。第一个"W"是"Why——为什么干?"回答一个团队工作的目的是什么,是在为谁或者为什么而努力工作,是对外服务客户还是对内服务团队成员,这可以称之为愿景目标。第二个"W"是"What——团队干什么,干成什么样?"回答一个团队是做什么的,团队最终要干成什么样,这叫做工作目标。"H"则是"How——团队如何干?"

指如何实现这个目标,有哪些手段和方法,这是行动目标。管理者还要明确团队这三大目标之间的相互联系(见表1-1)。

表1-1 团队三大目标的有机联系

| 名称 | 主要内容 | 时间周期 | 作用意义 |
| --- | --- | --- | --- |
| 愿景目标 | 回答"Why",团队为什么工作,团队工作的目的 | 长期 | 促使成员了解团队工作具有哪些意义,避免成员陷入具体工作的汪洋大海而身心俱疲 |
| 工作目标 | 回答"What",团队干什么,团队具体、可衡量的目标是什么 | 年度/半年度 | 促使成员了解团队工作的重点,将主要精力指向重点工作 |
| 行动目标 | 回答"How",团队如何干,团队成员具体应该采取哪些行动 | 日常 | 促使成员知道自己该做什么,不该做什么,才能确保团队真正达成目标 |

团队需要远大的愿景目标,这样团队成员才不会被日常繁杂的工作所拖累;团队也需要看得见、摸得着的工作目标,这样才知道自己该达成什么样的结果;团队成员还需要具体指导自己日常工作的行动目标,这样才知道怎么做,这三个目标缺一不可。三个目标应该如何设计,才能使得团队取得最大限度的成功呢?这是本章需要回答的主要问题。

## 第一节 愿景目标:让团队成员找到工作的意义

1961年,约翰·肯尼迪总统第一次访问美国国家航空航天局总部。在参观设备的时候,他向一个正在擦地的工作人员介绍了自己,然后问他在美国国家航空航天局做什么工作。这个清洁工骄傲地回答,"我帮助把人送上月球"[12]。

清洁工当然也可以回答说是在这里打扫卫生,这实际上就是他的工作内容,但是当他回答"我帮助把人送上月球"的时候,他是将美国国家航空航天局的目标当作自己的工作,而不只是把自己的工作分工当作自己的目标。当清洁工这样想的时候,会发生什么?一旦团队有需要,他就会立刻放下自己的拖把,愉快地去做需要他做的其他事情,比如帮助搬运火箭发射的材料,帮助工程师递送工具,甚至有可能会给设计师们端咖啡,这就是愿景目标所起到的巨大作用!

团队成员不只是有工作目标，在工作中还有个人目标。有些人希望多赚钱，有些人希望有机会升职，还有些人看重能力的成长，可能还有些团队成员希望少干活、多拿钱。**团队的管理者如何把大家聚合在一起去追求团队共同目标，愿意为达成这个目标努力工作，并且能够为达成团队目标适度放低自己的个人目标呢？答案是要精心地设计愿景目标。**

## 一、什么是愿景目标

愿景可以是一个团队的定位，一个团队存在的理由和意义，也可以是团队期望达到的一种状态，是团队发展的长期目标[13]。在团队中"愿景就像文学和音乐的主题，是你想要传递的中心思想，是你想让人们记住的主旋律。每个管理者都需要一个主题、一个原则，来帮助他组织整个活动。"[14] 是的，每一个团队也都需要一个中心思想、一个主旋律和一个主题。这个主题是一种综合团队成员对于团队的价值观、信念、目标和目的所形成的某些明确形式陈述的共同协议，也可以是团队整合内外部环境的资源，凝聚和激励团队成员的创造性努力，以实现选择和构建自己的业务核心力量的主要依据[15]。

### 案例 1-1
#### "愿景"提升了新干线清洁团队的士气

日本新干线的清洁团队曾经效率非常低下，主要原因是大部分团队成员都认为自己的工作是卑贱的、被人看不起的，甚至有些乘客在乘车的时候，会指着这些清洁人员告诉自己的孩子："你要是不好好学习，以后就得来干这个工作！"所以工作的意义是什么？仅仅为了赚钱养家而不得已去从事这个所谓低贱的工作吗？很多团队成员都看不到自己工作的意义，团队士气一度非常低落。

后来新干线的清洁团队将自己的愿景目标设立为"我们是新干线剧场中的重要角色，要为乘客献上我们的感恩之心。"重新设计的愿景目标，让清洁团队的成员认识到自己工作的价值，自己是这个舞台上的重要角色，这就焕发了他们的巨大活力，以至于前来日本考察新干线系统的法国铁道部部长曾说："我们也想建设这样的新干线系统，但我更想把你们的清洁团队带回国。"

第一章 • 有目标的团队才不是乌合之众

**思考**

为什么愿景目标可以帮助新干线的清洁团队重拾团队士气?

**启示**

因为新干线清洁团队的全体成员看到自己工作的意义,他们不再是低贱的"扫地"的人,他们是"重要的角色"。团队管理者在设计团队目标时,优先需要回答的就是团队存在的意义,团队成员工作的意义。

---

按照哈佛大学心理学教授丹尼尔·吉尔伯特的看法:"人类是唯一思考未来的动物……人类大脑最伟大的功能就是能够想象那些超乎现实的对象和事情,这使得我们可以畅想未来。人类的大脑就是一部预测机器,展望未来是它最重要的功能。"

愿景目标是团队管理者经过主动思考,给自己团队的一个明确定位和一个明确的发展方向。

### 案例1-2

## 用愿景目标帮助机务人员找到工作的意义

在一次培训中,负责机务维修的团队管理者找到老师,诉说了自己工作的难处。机务维修扮演的是幕后的角色,飞机在蓝天飞翔的时候,乘客会看到飞行员和空乘团队,而机务维修人员则是默默奉献的角色。不仅如此,由于机务维修与航空安全联系密切,他们面临很大的工作压力。目前,团队的士气较为低落,管理者想了解如何为团队设计愿景目标,并借此提振团队士气。

在沟通后,老师与团队管理者共同为机务维修团队设计的愿景目标是:"用优秀、高效的机务维修技术,为每一架翱翔在蓝天的飞机保驾护航。"希望这个愿景目标能够帮助机务维修团队找到工作的意义。

**思考**

该愿景目标对机务维修团队会产生怎样的作用?

**启示**

让团队成员找到工作的意义,认识到自己在航空公司的重要性,能够充满自信地开展自己的工作。

## 二、团队为什么需要愿景目标

笔者曾经给卫生和计划生育委员会的一个团队上过课,当问及他们团队的愿景目标是什么的时候,他们突然沉默了,为什么?因为以前是"只生一个好",计划生育和控制人口是他们的主要工作,他们花了大量的精力和时间去教育民众"少生优生""晚婚晚育",为了控制人口也采取了很多管理措施。但是近年来随着人口出生率不断下降,在国家的生育政策进行调整的情况下,他们的工作内容也发生了很大变化,这使得他们暂时无法适应自己的新角色,因此竟一下子回答不出来这个问题。

如果在未来的工作中持续回答不上来这个问题,会带来哪些管理问题呢?第一,会出现各自为政的现象。因为大家不知道团队的愿景目标是什么,就只能按照自己的理解去采取行动,有些人的关注点可能是如何帮助大众了解更多的"优生优育"的信息,有些人的关注点则可能是尽量少接触大众,以免他们误解相关政策。第二,会出现团队冲突。由于大家按照自己的理解去工作,并不知道团队到底要做什么,理解的不一致也会带来矛盾与冲突。第三,会出现团队成员消极怠工的现象。由于大家不能很好地理解自己工作的目标、价值与意义,一旦在工作中与来办理手续或者咨询的群众出现矛盾,或者被群众投诉等,他们就会感觉到自己的工作是没有意义的,试想,当团队成员认为自己的工作是没有价值、没有意义的,他们怎么可能产生工作热情呢?

因此,团队有明确的愿景目标至少会带来以下三个好处。

**第一,愿景目标让团队成员清晰地看到团队的未来,明确自己努力的方向,不会迷失在具体的数字和琐碎的日常工作中。**研究表明,相较于那些人生目的不明确的学生,那些人生目的更加明确的学生认为他们的学习更有意义,也更能够持之以恒地对待枯燥无味的学习,那些清楚地知道自己工作目标的职场人士更专注于自己的工作,能够取得更好的工作绩效。同理,当团队的愿景目标清晰,团队的发展方向明确的时候,团队成员会更加聚焦于团队目标,团队会有更高的绩效。

第一章 • 有目标的团队才不是乌合之众

**案例 1-3**

## "强盗"也需要愿景目标

还记得大宋年间的水泊梁山吗？在宋江上梁山之前，晁盖所带领的队伍一直很难发展壮大，为什么？因为晁盖从来没有想过梁山的愿景目标，一群靠打家劫舍起家的强盗需要什么愿景目标呢？他们实行的是"过一天算一天"的策略。与晁盖不同的是，宋江成为梁山领袖后，立刻为梁山团队设计了"替天行道"的愿景目标。

**思考**

为什么宋江要为水泊梁山的好汉设计"替天行道"的愿景目标？

**启示**

上梁山的人很少有像李逵那样自愿的，大部分都是"逼上梁山"，如八十万禁军教头林冲、大宋首富卢俊义、贵族出身的柴进等，作为那个时代的精英，都不是心甘情愿上梁山的，他们对梁山这份强盗的职业很不认同，每天做着打家劫舍的工作，内心的痛苦难以言表。一旦有了"替天行道"这个愿景目标，梁山团队的精英就会认为自己摆脱了强盗的身份，从此成为绿林好汉，他们不再是打家劫舍，而是劫富济贫，他们不再是乌合之众了！

---

第二，团队成员了解了团队的愿景目标，找到工作的意义，会更加积极地投入工作中去。每一个人来到这个世界都不可避免地要回答一个问题，生命的意义是什么？工作的意义又是什么？正如心理学家罗伊•鲍迈斯特所指出的："（我们）在追求幸福这方面和其他许多生物都一样，但对于意义的追求才是我们成为人类的核心要素，而这一点是独一无二的。"[16]记得一位学生曾经带着不理解的眼神问笔者："老师，出来工作不就是为了赚钱吗？'老婆安，则天下宁！'我必须有钱才能使得家庭安定团结，你为什么要扯这么多没用的、不接地气的愿景目标呢？"他说的其实很对，但他不明白的是，他其实是有愿景目标的，他的愿景目标就是让家人过上幸福的生活，他是一个责任心很强的男人！作为一个团队管理者，团队成员也需要回答这样一个问题，团队为什么要工作？团队存在的意义又是什么？

## 案例 1-4

### 工作的意义帮助提高工作效率

某大学有一个部门叫筹资电话中心。团队成员的工作就是给潜在的捐赠者打电话募集资金。研究者亚当将这些团队成员分成三组：A组是实验对照组，只做自己的工作；B组阅读其他团队成员的故事，了解到他们从这份工作中获得的益处是知识与金钱；C组阅读奖学金获得者的故事，了解奖学金对获得者生活的改变。阅读结束后，A组和B组团队成员的表现并没有任何区别。相反，C组团队成员每周争取到的捐赠次数提高了155%（由每周9次提高到每周23次），每周筹集的资金提高了143%（由1288美元提高到3130美元）。

于是，研究者进一步让筹资成员与具体的奖学金获得者会面，其中一组筹资成员得到机会与奖学金获得者面对面交流，有5分钟的时间问他们问题。结果是：之后的一个月，每周筹集的资金增加了400%[17]。

另外一项研究的研究人员要求2500名工人检查医学图像，一组被告知这些图像没有什么用，另一组被告知要在这些图像中找出"癌细胞"，结果是第二组工人花费了更多的时间，工作质量也更好[14]。

**思考**

为什么当团队成员了解到自己能够为其他人做出贡献，带来好处的时候工作绩效会提升？

**启示**

团队成员在帮助他人的过程中体会到工作的意义，体现出自己的价值。

---

当团队成员看到自己工作的意义时，他们愿意付出更多的努力。

**第三，愿景目标能够促使团队成员对团队产生向心力，提升团队的战斗力。** 当团队有了明确的愿景目标后，团队成员会充分了解到自己与其他团队成员协作的目的是什么，自己如何与其他团队成员协作才能为自己带来最高的绩效，团队成员共同努力带来的结果又是什么，团队成员会朝着一个方向共同努力以提高团队的整体绩效，这就产生了团队的凝聚力和战斗力。

> **案例 1-5**
>
> ### 愿景目标带来凝聚力
>
> "多劳多得""论功行赏"是企业和团队激励员工的过程中很常见的词汇，华为就曾经提出过这样的口号：不能让雷锋流汗又流血，其含义就是要让"雷锋"这样的英雄得到应有的奖励。但是设想一下，如果一家企业完全按照"论功行赏"的方式管理员工会带来怎样的结果？员工的思路可能是"有奶就是娘"，如果有其他的企业能够许诺更高的薪酬待遇，员工的离职率就会很高，企业就会变成一盘散沙。
>
> 这是为什么呢？很简单，因为企业唯一的激励方式是物质，是钱，企业没有任何精神层面的激励，员工认为自己仅仅是在为钱而工作，员工看不到自己工作的意义和价值。
>
> **思考**
>
> 这一现象说明团队管理者在工作中应注意什么？
>
> **启示**
>
> 激励的方式不仅要有物质，也要有精神，设计良好的愿景目标就能够起到巨大的激励作用。

因此，团队不仅需要实实在在的工作目标，团队管理者首先要给团队提出一个为什么而干的愿景目标。

## 三、如何设计团队的愿景目标

要回答如何设计团队愿景目标这个问题，可以这样问自己："你会怎样向你家里7岁的孩子描述你的工作，让他为你在这样的团队工作而感到骄傲呢？"家长可以告诉孩子："我们就是卖保险的，我卖的保险越多，订单越多，咱们家赚的钱就越多"；家长也可以说："我们不卖保险，我们给千万个家庭带来安全保障"；家长还可以说："我们不卖保险，我们给每一个家庭带来爱！"哪一种解释能够让孩子为家长的工作感到自豪呢？怀有哪一个解释的家长会更加努力地工作呢？这三个解释的区别是什么呢？第一个解释简单地告诉孩子自己的工作是什么，自己做什么，这样的解释是没有什么错误的；第二个解释将保险对家庭的意义说出来，家庭需要安全保障，有了安全保障的家庭才能更稳固地持续发展；第三个解释则将家庭为什么需要保险的深层次意义加以诠释——爱使得家庭健康发展，保险则帮助家庭把爱传承下去。因此团队管理者在设计团队愿景目标时，要将团队工作的深层次意义揭示出来，团队管理者如何做到这一点呢？

团队管理者在为团队设计愿景目标时，需要遵循以下三个原则（见图1-1）。

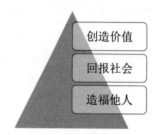

图 1-1　团队愿景目标设计的三个原则

**第一，创造价值。**所有团队的愿景目标必须是创造价值，为社会、为民众、为自然、为他人。比如松下曾经说过：要让松下电器的产品如自来水一样能够被民众获取，所以松下电器的产品必须做到品种多样、价格低廉、产品质优。作为组织的有机结构，团队在设计愿景目标的时候也需要思考团队为组织/客户创造哪些价值，团队为组织/客户更好地贡献了什么，组织为什么需要这个团队，组织需要这个团队做些什么。

### 案例 1-6

## 人才发展中心的愿景目标

当企业把所有的部门划分为利润中心和成本中心的时候，作为成本中心的职能团队就显得越来越尴尬。比如：营销总监可以质疑人力资源总监招聘的速度，市场总监也可以质疑人才发展中心的培训效率。作为公司利润中心的营销和市场团队很清楚自己在为组织创造何种价值，如何创造价值；作为成本中心的职能部门呢？人力资源总监很难说清楚自己所招聘的人才如何为企业创造价值，创造了多少价值；作为培训部门的人才发展中心需要花钱购买培训服务、

# 第一章 • 有目标的团队才不是乌合之众

建设培训资源,他们也很难说清楚自己又为企业创造了什么。

当团队无法清晰表达自己能够为组织创造哪些价值的时候,团队成员就更难保持高涨的工作热情。这时怎么办?某个大企业的人才发展中心团队这样定位自己的愿景目标:"我们构建一个平台,在这里,公司所有的团队成员都可以寻找到支持、指导、帮助和学习资源"。

**思考**

该愿景目标对人才发展中心团队的作用是什么?

**启示**

该愿景目标,使得人才发展中心回答了自己在组织中怎样创造价值的问题,这不仅会减少来自利润中心的质疑,也会提升人才发展中心团队的凝聚力。

---

**第二,回报社会**。一个团队需要清楚地知道自己在工作的过程中是如何回馈组织、社会与客户的,如果一个团队找不到自己明确的客户,也不知道如何回报组织,那么显然这个团队在组织内部的地位已经岌岌可危了。在设计团队的愿景目标时,团队管理者需要思考如何回报组织/社会的问题。

## 案例 1-7

### 采购中心团队的愿景目标

最近,一位大企业的部门经理从营销中心调至采购中心,负责采购中心的日常工作。采购中心有90多个成员,这位部门经理一来到采购中心就感受到了浓浓的得过且过的氛围。临近年终,新年即将来临,采购中心明显放慢了审批采购订单的速度,因为大家的心思已经不在工作上了,回家过年是成员每天都会讨论的话题。这位部门经理暗自感到不满,但是他应该做些什么来扭转现状呢?

工作了一段时间后,他了解到采购中心的成员对部门工作的看法很不一致,有些成员把采购部门当作企业最有权力的团队,因此常对其他部门的人颐指气使,说起话来咄咄逼人;有些成员则认为采购工作的压力太大,风险比较高,虽然自己负责采购,但是业务部门也有很大的话语权,自己就是一个使唤丫头——当家做不了主,好处给了其他部门,风险全是自己承担。基于这些形形色色的看法，采购中心团队很难形成统一的目标，大家各自为政，人心涣散。

**思考**

采购中心的团队管理者可以通过设计良好的愿景目标改善这一状况吗？

**启示**

可以，了解到采购中心团队成员的心态后，这位部门经理通过研讨会的形式最终帮助采购中心明确了团队的愿景目标："用科学的采购帮助公司运作的更安全、更快捷。"采购中心愿景目标的关键词是科学、安全与快捷，从此采购中心进一步明确了如何科学、安全、快捷地服务公司其他部门，工作效率也提升了不少。

---

**第三，造福他人**。团队存在的目的是服务他人，所做的一切必须是让社会更美好，让组织更有竞争力，让客户得到更优质的服务，等等。团队在造福组织/社会/客户的过程中，找到自己的价值，这些因素也要组合到团队的愿景目标中去。

### 案例1-8

## 谷歌如何使用愿景目标激励营销团队？

谷歌最初做网站生意的时候，在网络上给传统的企业如制造业或者农业、手工业者建网站，帮助它们推销自己的产品。营销团队没有感觉到这项工作有什么特别，只是卖别人的产品而已。后来公司搞了一次活动，让部分客户与营销人员建立了面对面的联系，营销人员看到了客户发自内心的感激之情，有些客户甚至告诉他们：自己的小生意原来就要破产了，由于有了谷歌的营销渠道，自己百年的家族生意又重新焕发了生机。当谷歌的营销人员得知这一点时，他们的工作热情一下子提升了很多倍。

**思考**

为什么见到客户的营销人员工作热情会提升很多倍？

**启示**

因为他们开始清楚地知道营销团队是如何创造价值且回报客户的。

任何团队在设计愿景目标时，都应该思考上述三个原则。那么根据这些原则，笔者是如何帮助卫生与计划生育委员会那个团队设计愿景目标的呢？"帮助大众优生优育"，这是团队经过思考后设计出来的愿景目标，这就意味着，此前他们的主要工作精力放在教育民众少生孩子，采取必要的管理措施，阻止和惩罚那些尝试破坏规则的人，现在他们的主要工作精力则是帮助大众更好地生育，他们的职责是教育、帮助和辅导大众做好生育工作，角色发生了巨大的变化，但是目标却更加明晰了。

**团队愿景目标的设计要符合创造价值，回报社会和造福他人三个原则**，不仅如此还需要在大家群策群力讨论的基础上进行设计，这样才会更有利于后期的执行，这一点将会在下一章详细论述。

## 第二节 工作目标：让团队成员了解工作的内容

愿景目标回答了团队"干什么、干成什么样"和"为什么干"的问题，在实际工作中，愿景还需要转化为明确的工作目标，才能进一步指导团队[18]成员的工作。因为，愿景本质上不是一个目标，而是值得大家长期去追求的理念。而工作目标是与具体工作联系在一起的，作用在于"不仅可以提升幸福感，还能提高生产效率"[17]。

### 一、什么是工作目标

在本章的第一节讲述了日本新干线清洁团队的愿景目标是"我们是新干线剧场中的重要角色，要为乘客献上我们的感恩之心"，由于清洁团队有了清晰的愿景目标，团队成员知道自己的工作价值后，工作热情得到了很大的提升，但是，仅仅有愿景目标是不够的，在愿景目标的基础上，又进一步设计了工作目标："用7分钟时间，给乘客留下一段美好的乘车记忆"。团队将愿景目标具体化，这就产生了团队的工作目标。工作目标需要具备以下几个特征：（1）指向团队的工作职责。工作目标是具体化的愿景目标，需要与实际工作密切联系在一起。（2）可衡量。绩效指标的结果是否达成应该有客观的衡量指标。（3）强调结果而不是行动。团队的工作目标强调的是达成一个明确的结果，对具体的行动不做规定。

### 案例 1-9

## 自行车设计团队的工作目标

某自行车生产小厂，拥有员工 60 余人，由于国内自行车市场不断萎缩，公司将目光聚焦于海外市场。但是在拓展海外市场的过程中，由于公司的产品比较多，产品线比较长，产品质量得不到很好的保障，因此所开发的海外市场难以产生持续的订单，大部分客户的满意度很低。例如，某海外市场客户曾经反映该企业所生产的自行车脚蹬子不好使。面对收集到的客户信息，公司的设计团队为自己设计的工作指标是："设计一辆复购率大于 50% 的自行车"。设计团队摈弃了过去为占领市场设计多款车型的方式，聚焦最有市场潜力的一款自行车，根据客户反馈不断精准设计，最终确保了工作目标的实现。

**思考**

作为工作目标，"设计一辆复购率大于 50% 的自行车"强调的是什么？

**启示**

强调的是可衡量的结果。

## 二、工作目标有哪些作用

有这样一张图片，在一条大船上，一群人正在努力划桨，每个人都大汗淋漓，异常努力，可是船却没有前进，为什么？因为每一个人的努力方向都是不一样的。工作目标的重要性就在于，要使得每一位成员都清楚地知道团队的目标是什么，确保每一位成员的努力方向与团队目标一致。那么团队具有了清晰的工作目标会带来哪些优势呢？

**第一，会促使团队成员了解工作的重点，将自己的主要精力放在工作目标上。** 当团队有一个清晰的工作目标时，团队成员知道自己努力的方向，也清楚自己在团队协作的过程中应该做些什么，团队成员的所有行动都会指向该目标。

# 第一章 • 有目标的团队才不是乌合之众

有一个心理学效应叫作："选择性知觉"，指的是人们在某一具体时刻只是以对象的部分特征作为知觉的内容[19]，由于人类能够知觉的事物是有限的，因此常常会将最重要、最有用或者最感兴趣的内容作为自己的知觉对象，而对其他事物选择视而不见，一个孕妇外出购物的时候，会注意到大街上有很多孕妇，但是在她怀孕之前，她可能很少会注意到这一点，这就是选择性知觉。选择性知觉的存在，使得团队成员只能注意到他们认为最重要的工作内容，当团队有了清晰的工作目标时，团队成员就会将主要注意力集中到团队目标上，团队才能因此产生业绩。

## 案例1-10

### 用目标聚焦工作重点

由于公司有多个产品线，多种产品需要销售，某制药企业的华北营销团队陷入了眉毛胡子一把抓的状态，哪一个产品线催得紧一些，就先进行哪一个产品的营销，哪一个产品线利润高一些，就集中精力进行哪一个产品的营销，可到了年底，却又会根据营销指标，对销售数据不好看的产品进行一番火力猛攻。

几年下来，营销团队的成员各个身心俱疲，怨声载道，觉得自己就是公司产品销售的一个"大杂烩"，为了营销，客户满意度已经顾不上了，竞争对手的信息也没有时间了解，大家眼睛只盯着营销指标。

2018年，公司更将华北营销团队销售收入的考核指标提升了30%，为了应对巨大的营销压力和不断加大的竞争态势，华北营销团队最终决定将年度销售收入的指标定为2017年的130%，这就是整个团队的工作指标。不过为了达成该目标，营销团队进行了内部的改革，将大的营销团队细分为三个小的营销团队，每一个小团队负责一个产品线产品的销售，同时还将少部分营销能力较弱但工作认真负责的团队成员直接留在营销团队的内部，负责满意度和竞争信息的收集。全体团队成员为2018年度的营销目标负责，共享收益。最终华北营销团队达成了团队的营销目标。

**思考**

将大的营销团队划分为三个小团队的作用是什么？

**启示**

每一个小团队聚焦一个具体的工作目标,工作重点突出,团队成员将所有的资源和能力都部署在具体工作上,能够形成合力,最大限度地发挥每一个团队成员的优势和作用,从而促使目标达成。

---

第二,**团队的工作目标能够激励团队成员为目标实现做出巨大努力**。得到团队成员认同的目标,能够在很大程度上激励团队成员为该目标付出努力,做出更大的贡献。

**案例1-11**

## 具体的挑战性目标具有激励作用

研究人员请三组学生来进行一个与目标有关的测试,要求三组学生思考某一个词的同义词。对第一组学生提出了一个明确的低目标,每分钟写出4个同义词,对第二组学生提出了一个不明确的目标,每分钟尽可能地多写,对第三组学生提出了明确的高目标,每分钟写出20个(其实这是一个很难实现的目标)。

研究结果显示,第一组学生在写出4个同义词后就开始东张西望、左顾右盼,对自己的成绩十分满意,因此他们写出的同义词的数量是最少的。第二组学生会在自己认为合适的范围内尽量写,虽然他们是在结束的最后一秒钟停笔的,但是他们表现得不紧不慢,悠闲自在,他们写出的同义词的数量居中。第三组学生在测试结束的最后一秒都在疯狂地写着,他们口中念念有词、下笔生风,虽然他们最终没有达到每分钟写出20个同义词的目标,但是他们写出的同义词的数量是最多的。

**思考**

该研究结果能够给团队管理者带来哪些启发?

**启示**

具体的挑战性目标具有激励作用,能够带来更高的工作绩效。

---

第三,**团队的工作目标会给团队成员带来成就感**。不断自我提升、自我成

长,学习与进步会给人带来成就感;完成一个挑战性的目标,也会给人带来成就感。团队有一个清晰的工作目标,当团队成员通过努力达成该目标时,他们会产生更大的成就感,反之,当团队成员不知道自己在做什么,也不知道自己为什么而做的时候,即使他们一直在努力,也会充满挫败感。

### 案例1-12

## 失败的男选手不懂得激励团队成员

笔者曾经为中央电视台的某档职场节目做过点评专家。在某次节目中,选手们得到的任务是为一对情侣设计一个令人难忘的婚礼,但是需要由小情侣亲自完成,以考察选手的创新能力、设计能力、计划能力、沟通能力以及影响力,地点设置在深圳的世界之窗。

一位男选手让情侣穿着轮滑鞋在世界之窗的埃菲尔铁塔下铺各种白纸,轮滑鞋不好控制,天公也不作美,小雨淅淅沥沥地下着,又冷又潮湿,小情侣完全不知道男选手到底要干什么,心中充满了挫败感,最终小情侣决定罢工,坐在一边拒绝男选手的各种指挥,男选手的设计失败了。

沮丧的男选手不顾节目组的反对,自己一个人开始继续铺设白纸。等他最终完成任务的时候,小情侣才发现,他是要通过小情侣自己的努力,贴出一个"我爱你"的字样。这个字样站在埃菲尔铁塔上看是非常美丽浪漫的。小情侣看到这个结果,不禁发出惊叹声,还给了男选手一个大大的拥抱,但是男选手依然失败了,因为最终这个设计是他自己完成的,而不是小情侣完成的。

**思考**

男选手这个创新且完美的设计为什么会失败了呢?

**启示**

负责执行的小情侣完全不知道自己在干什么,也不知道自己为什么而干,在湿冷的公园盲目地穿梭,去做没有意义的一件事。男选手作为小情侣的指挥者首先要做的是给小情侣一个美丽的愿景目标——你们会看到浪漫的"我爱你"设计,一个明确的工作目标——在哪些地方贴白纸以及如何贴白纸。该做的都没有做,这才是男选手失败的原因。

## 三、如何设计工作目标

既然好的工作目标有如此巨大的作用，团队管理者就必须学会设计合适的工作目标，如何才能设计出好的工作目标呢？很简单，只需要学会 SMART 原则。SMART 是一个英文单词，"智慧、聪明"的意思，这里暗含着 5 个设计工作目标的技巧。

第一，S（Specific，具体的），**目标的设计要具体**。不要说本年度提升产品质量，本年度提升销售额，要有具体的数字，比如：产品设计团队可以说本年度产品质量提升 3%，客户服务团队可以说客户满意度提升 5%，营销团队则可以说销售额达到××亿元等。

第二，M（Measurable，可衡量的），**目标的设计要可以衡量**。如客户满意度提升 5% 可能是一个好目标，也可能是一个坏目标，虽然这个目标很具体，但是如何衡量呢？如果团队有专门的衡量满意度的办法，这就是一个好的目标，但是如果团队衡量满意度的标准非常模糊，则该目标就不是好目标。再比如产品质量提升 3%，需要了解团队是如何衡量产品质量的，这个标准是客观的还是主观的，如果是主观的，那么谁来进行评价，谁来进行分析，这些也需要搞清楚。

第三，A（Attainable，可实现的 /Achievable，可达到的），**所有的目标都需要"跳起来够得着"**。如果一个目标设计得过低，成员随便做一做就能够达到标准，缺乏挑战性，那么团队成员就不会付出百倍的努力去实现它，也不会挑战自己的极限；但是如果目标设置得过高，也会带来不利的后果，团队成员首先不会给这个目标承诺，认为目标根本无法达成，管理者就是在开玩笑，或者团队成员会对这个目标阳奉阴违，根本不去执行这个目标。

从 20 世纪 90 年代杰克·韦尔奇任通用电气首席执行官以后，他便开始特别强调目标的挑战性。他常举的案例就是日本人的子弹头列车，他认为如果日本当时只是想在速度和运行效率上对当时的火车进行改善，就不会产生子弹头列车，实际上是设计者超越现实去思考问题，才带来了新的火车。

## 案例1-13

### 大志中得、中志小得、小志不得

谷歌在定目标的时候给团队成员的要求是要往大想！如果把目标定得过低，是没有实现的价值的，所以谷歌的要求是"能够影响5000万人的目标才算是比较大的目标"。为了实现这个想法，谷歌在绩效考核的时候不需要团队成员完成百分之百的目标，只需要完成60%以上就可以了，如果团队成员完成了百分之百的目标，谷歌就会认为这个团队所定的目标缺乏挑战性，也不符合谷歌"Think Big——往大处想"的组织文化。

无独有偶，华为的做法也与谷歌类似。华为喜欢给各团队订立很高的目标，为了激励团队达成目标，也会祭出高额的奖励，所谓"重赏之下必有勇夫"。其实华为也知道这些目标不一定能够达到，但是高额奖励的激励作用可能使得目标即使不能达成百分之百，也能够发挥最大潜力，完成百分之八十，这显然好过最初把目标定在百分之六十的地方。

当目标没有百分之百达成的时候，华为也会设法兑现大部分奖励，这时候团队成员的心情是这样的：看，虽然我的目标并没有达成，但是华为对我还是不错的，下一个年度我更得好好干啊！

**思考**

为什么优秀的企业会制定很高的目标？

**启示**

中国有句话说："大志中得、中志小得、小志不得"，立大志有可能产生一个中等的结果，立中志有可能得到一个小一些的结果，如果最终订立目标的时候就把目标制定得完全没有挑战性，即使完成了，也不会取得大的成就。很高的目标虽然会造成目标难以实现，但是在完成目标努力奋斗的过程中，团队成员还是会有很多收获的。

---

第四，R（Relevant，相关的），目标要与团队的主要工作密切地联系在一起。目标与团队的主要工作缺乏密切的联系，可能会带来两个问题：（1）团队的核心能力无法得到有效提升。因为团队有自己的重点工作，虽然工作完成了，但是如果目标的设计与团队工作无关的话，团队的能力就得不到很好地

构建。（2）团队成员难以信服该目标。团队成员会认为该目标与自己的工作联系不够密切，自己在工作职责之外还承担了其他的工作，自己的负担太重，无法给这个目标承诺。

第五，T（Time-bounding，限时的），所有的目标都需要有时间的限制。有些目标是 3 个月，有些是 6 个月、1 年或者 3 年，一般长期目标的时间会是 3 年左右。如果缺乏时间的限制，团队成员就没有紧迫感，目标实现的难度也就更大了。

### 案例 1-14

## 符合"SMART"原则的好目标

一次做央企培训，课间刚刚上任 3 个月的化工室主任谈到了自己的工作，化工室有 10 多个成员，他上任后，给自己的团队设计了一个工作目标："三年时间成为全国排名前十的化工单位"。

他很想知道这算不算一个好目标。为了明确这一目标，老师又询问了他几个这样的问题：（1）如何衡量是否达到了全国前十？答曰：他们化工口有一系列衡量指标，可以做出具体的衡量。（2）现在的排名情况如何？答曰：因为他们是一家央企，所以在化工方面有一定的声望，但是从未参加过相关的评审和评选，所以在有些衡量指标方面团队还存在很大的进步空间。（3）三年的努力能否实现这个目标？答曰：有很大的希望，但是还需要大家共同努力，因为毕竟以前没有参加过这样的评选。

根据他的回答，结合 SMART 原则，可以很快分析出这个目标是不是好目标？

- S：这是一个很具体的目标。要做到全国排名前十。
- M：由于化工口有相关的评选，因此该目标是可以量化评估的。
- A：根据他自己的测算和计划，三年时间有较大困难实现该目标，但也不是不可行，只要大家能够齐心协力地去干。
- R：该目标与化工室的工作职责密切相关，与全体团队成员的工作职责密切相关。
- T：时间是三年。

因此，该目标完全符合SMART原则，是一个非常好的工作目标！

**思考**

当该团队明确了"三年时间成为全国排名前十的化工单位"这一工作目标后，会发生什么？

**启示**

每一个成员会自觉地将这一目标与自己的工作结合起来，而且大家也清楚地知道，自己所做的一切指向什么，自己要做哪些，在工作中自然就会充满干劲。

## 第三节　行动目标：让团队成员明确工作的任务

有了工作目标，如何操作执行呢？因为工作目标强调的是结果，如何努力才能达成这一结果呢？为了达到这个目标，团队成员应当采取哪些行动呢，如何对过程进行管理呢？这就是行动目标需要回答的具体问题了。

### 一、什么是行动目标

一次，笔者去出差，半夜才赶到深圳，所以决定第二天中午好好进行一下午休，但是却忘记把"请勿打扰"牌子挂出来。就在笔者刚刚进入梦乡的时候，突然有服务员敲门询问是否可以打扫房间，虽然谢绝了她的好意，但是笔者也变得睡意全无，只好爬起来继续工作。这件事促使笔者思考了一个问题：考核酒店服务员的绩效指标是什么？是打扫房间的及时程度、房间的清洁程度以及物品更换的效率吗？做这一切的目的又是什么？什么又是服务人员团队的愿景目标呢？愿景目标肯定为了给客户提供满意的服务，以换取酒店的美誉度和客户的满意度。但是如果服务人员团队选择在中午采取行动打扫房间，会不会打扰那些粗心地忘记把"请勿打扰"牌子挂出来的客户呢？所以，酒店的服务人员团队是不是应该有行动目标，规定服务人员采取哪些行动呢？一个团队即使有了意义明确的愿景目标、度量清楚的工作目标，也还需要为实现这些目标设计一些规则，即确定行动目标。

案例1-15

## 好的行动目标具备共同特征

日本新干线清洁团队的行动目标是这样的:"舒适、安心、温暖"。在具体行动中,清洁团队的成员在列车驶来的时候,整齐划一地向列车行注目礼,在列车出发的时候,列队鞠躬,送别车上的乘客,在夏季,穿上夏威夷民族服装为乘客服务……[12] 这些行动都很好地支撑了新干线清洁团队目标的达成。

影视剧《亮剑》中独立团行动目标是这样的:"狭路相逢勇者胜"。不管是不是能够拼得过,敢于亮剑是最重要的,因此"亮剑"就可以总结为李云龙团队的行动目标。由于这一行动目标的指引,独立团的团队成员在遇到困难的时候会出现勇往直前、不畏艰险的具体行动。例如:在攻打平安县城的时候,李云龙的团队就是在冒着巨大风险的前提下夺取胜利的。

某酒店的清洁服务团队为提升客户满意度,规定了这样的行动目标:早九点前必须完成对重点区域的第一次清洁工作,中午前必须完成50%客房的清洁工作等。

为了给客户提供最好的服务,保证客户满意度,某保险公司营销团队的行动目标是:(1)每天早上来到办公室,致电3~5个潜在客户;(2)客户的信息在2小时之内回复,客户的质疑和问题需要在24小时之内答复并提供解决方案。

**思考**

通过上述的四个案例,能否总结出行动目标的共同特征?

**启示**

(1)可以是对团队行为的一些具体规定,如新干线清洁团队的列队鞠躬,独立团的勇往直前、不畏风险、敢于亮剑等;(2)可以提炼为一些高度抽象的原则,这些原则对团队成员的行为进行规定,如新干线清洁团队的"舒适、安心、温暖",李云龙团队的"狭路相逢勇者胜"等;(3)还可以是对团队一些重点任务的规定,如酒店服务团队的具体要求。**团队的行动目标可以同时具备上述的三个特征,也可以只具备其中的某些特征。**

## 二、为什么行动目标很重要

团队的愿景目标定义工作的意义、工作的未来发展，工作目标定义了重点工作和工作结果，为什么还需要行动目标规定具体行动呢？行动目标的意义在哪里？

团队的工作目标可能是抽象的，必须转化为具体的行动目标才能够得以实施，团队成员要清晰地知道自己要干什么。

**第一，行动目标让团队成员立刻采取行动，提高工作效率。**

案例 1-16

### 低难度的近期目标与高难度的远期目标

心理学家请一些大学生参与实验，在实验过程中有两个任务，任务 A 的难度较小但比较枯燥，比如用母语阅读心理学史，任务 B 的难度较大但比较有趣，比如使用正在学习的第二语言阅读浪漫的爱情诗。学生有两个选择，一个是在接下来的一周完成该任务，一个是在得到任务后的第八周开始该任务。

选择接下来一周完成任务的学生普遍选择了任务 A，选择得到任务第八周开始任务的普遍选择任务 B。实验人员观察到的现象是：选择任务 A 的学生立马开始苦读的工作，选择任务 B 的学生则怡然自得、不慌不忙地继续自己的生活，但是等到第八周，很多学生都暗自悔恨，怎么自己当时选择了一个这么难的任务呢[20]？

**思考**

这一研究成果能够说明怎样的道理？

**启示**

研究成果说明，人会高估自己的实力。如果一件事马上要去做，大家会普遍考虑到任务的难度，现实地估计自己的能力与工作任务的匹配关系，但如果一件事是在未来去做，大家会低估任务的难度，高估自己的能力，这就是为什么很多目标难以实现的原因。

团队制定工作目标大多在开年的时候，团队成员难以估计任务的难度，普遍会高估自己的能力，低估任务的难度，等到真正开始实施时就会发现，拦路虎很多，任务很难得到执行。如果团队有行动目标，就会督促团队成员立即采取行动完成工作任务，对整体绩效的提升会有很大的帮助。

**第二，行动目标让团队成员了解自己该做什么，不该做什么。** 团队总会有这样一些人：新加入团队的成员不知道自己该做什么，工作能力比较弱的团队成员也不知道自己该怎么做，工作动机不够强烈的团队成员又不想去做。团队如何对待这样的团队成员呢？比较好的办法就是采用行动目标，当团队有了行动目标，每一个成员知道自己该干什么，在工作中就不会过于焦虑。团队还会有这样一些人：工作较长时间且已经熟知自己工作内容的老成员，对自己能力充满自信且希望多采用新的工作方式，团队又该如何对待这样的团队成员呢？也可以使用行动目标，当团队有了行动目标，这些团队成员就知道自己不该干什么，既可以发挥他们的工作积极性，又可以让他们的工作不越界。

**第三，行动目标给团队贴了一个清晰的标签，便于团队统一成员的思想。** 当团队为自己设计了清晰明确的行动目标，团队成员就会知道自己该做什么、不该做什么；当团队为自己贴了一个清晰的标签，团队成员就能够将自己的所作所为统一在这个行动目标之下，便于团队统一思想。以独立团的"亮剑"的行动目标为例，当团队成员统一认同该行动目标时，他们就知道遇到敌人自己该做什么，遇到危险自己该采取哪些措施，即使没有团队管理者给自己提出要求，他们也会根据行动目标提出的要求约束自己的行为，这就使得整个团队具备了一个统一行动的原则。

## 三、如何设计行动目标

**案例1-17**

### 聪明的眼镜店店长

由于线上业务的冲击，北京一家地理位置相当优越的眼镜店销售利润持续下滑，公司给他们提出了"在商店里找到解决方案"的要求，这意味着该团队需要更加努力地接待来访顾客，才能得到理想的销售额，但成效并不显著。怎么办？

作为团队管理者,店长想到这样一个主意——将团队工作目标转化为具体的行动目标:"不应该让顾客空手而归"。店长仔细观察了店员接待顾客时的行为,比如:每当顾客说"我先看看""太贵了"或者"我还没有进行眼科检查"时,店员并没有主动投入工作中,有效地处理这些常见的不购买理由,而仅仅是放任顾客离开。于是,店长决定与店员进行一次讨论:为了让那些还未下单的顾客变成我们的客户,我们还可以再做些什么?

经过团队成员的积极思考,他们想出来如下一些重点工作行为和任务,并进一步形成行动目标。

当一个潜在顾客说"哦,我先看看",店员可以向他展示店内陈设的产品和店面布局,而不是说"好的,如果你有任何需要,我随时为你服务"。

当顾客说"太贵了",店员可以问他们相同的商品或服务在哪儿卖得便宜,以便获取更多信息。

当顾客说"我还没有进行眼科检查",店员可以把他带到验光师那里,立刻帮他检查眼睛。

**思考**

为什么几个关键行为就能够帮助团队提升业绩?

**启示**

团队通过讨论,将工作目标转化为具体的行动目标,店长和店员都清楚地知道自己该做些什么来改善业绩、提升绩效、达成目标。于是,店员尽可能地将只是进来转悠一圈的路人变成自己的客户,通过提出正确的问题,鼓励和推动潜在顾客采取行动的方式,他们获得了更多的顾客,也很好地达成了自己的业绩。

---

如何设计团队的行动目标呢?团队管理者可以通过引入讨论,借助一些简单的工具达成该目的。第一,准备一些大白板纸、即时贴、马克笔和签字笔,在开始讨论前,将团队愿景目标和工作目标写在第一张白板纸上,使得大家在讨论的过程中时刻关注愿景目标和工作目标。第二,在墙上分别贴出三张白板纸,第一张请团队成员在即时贴上写他们应该采取的具体行为,第二张写他们应该停止的有害行动,第三张写应该持续的积极行为。第三,请团队成员将所有的即时贴粘贴在恰当的位置。第四,请大家分析粘贴在三张白板纸上的所有

即时贴的内容,看有多少人提出了相同或类似的内容,哪些内容值得大家进一步澄清和讨论。第五,团队达成共识,今后哪些行为需要持续改善、哪些行为需要立刻禁止、哪些行为必须尽快采取行动。

  总体来看,团队的愿景目标、工作目标和行动目标之间存在着有机的联系,愿景目标规定了工作的意义和价值,工作目标设计出达成愿景目标的路径,而行动目标则是通过每天执行的工作计划最终帮助团队取得成功。缺乏愿景目标的团队找不到工作的意义,最终会迷失在繁琐的工作任务和绩效要求中,团队成员身心俱疲,难以打起精神认真工作,只有愿景目标缺乏工作目标和行动目标支持的团队也会陷于空谈,最终愿景破灭。高效团队要在三个目标之间取得平衡,帮助团队取得成功。

**行动指南**

1. 团队需要愿景目标指明发展方向，让团队成员找到工作的意义，回答团队"Why"的问题。

（1）愿景目标是团队的主题，团队发展的主旋律；

（2）愿景目标的设计要遵循创造价值、回报社会、造福他人三个原则。

2. 工作目标将愿景目标具体化，让团队成员知道自己为达成目标该做些什么，回答团队"What"的问题。

（1）工作目标强调结果；

（2）工作目标的设计需要符合 SMART 原则。

3. 行动目标将工作目标转化为团队成员的日常工作，回答团队"How"的问题。

（1）行动目标是对关键行为的具体规定；

（2）行动目标的设计可以与团队成员共同讨论完成。

 测评

## 团队目标规划健康度测评

以下是团队目标规划健康度测评,1= 非常不同意,5= 非常同意。愿景目标、工作目标和行动目标三个维度可以分别计算平均分,分数越接近 5 分,说明该维度的目标规划健康度越高。如果分数低于 3 分,则说明在该维度你需要花费时间和精力去认真思考如何设计该目标,提升该维度的目标规划健康度。

请根据你所带领团队的实际情况,对下面题目进行评估。

| 维度 | 测评题目 | 非常不同意 | 不同意 | 中立 | 同意 | 非常同意 |
| --- | --- | --- | --- | --- | --- | --- |
| 愿景目标 | 团队成员清晰地知道团队的愿景 | 1 | 2 | 3 | 4 | 5 |
| | 团队成员了解自己为什么而工作 | 1 | 2 | 3 | 4 | 5 |
| | 团队成员知道自己如何为组织创造价值 | 1 | 2 | 3 | 4 | 5 |
| | 团队成员认为自己的工作有意义 | 1 | 2 | 3 | 4 | 5 |
| | 该项平均分 | | | | | |
| 工作目标 | 团队有清晰具体的工作目标 | 1 | 2 | 3 | 4 | 5 |
| | 团队的工作目标具有可衡量性 | 1 | 2 | 3 | 4 | 5 |
| | 团队的工作目标具有挑战性 | 1 | 2 | 3 | 4 | 5 |
| | 团队的工作目标能够通过努力达成 | 1 | 2 | 3 | 4 | 5 |
| | 该项平均分 | | | | | |
| 行动目标 | 团队对关键任务有明确要求 | 1 | 2 | 3 | 4 | 5 |
| | 团队成员清楚地知道自己该做些什么 | 1 | 2 | 3 | 4 | 5 |
| | 团队成员清楚地知道团队有哪些禁忌 | 1 | 2 | 3 | 4 | 5 |
| | 团队成员知道自己如何行动才能达成工作目标 | 1 | 2 | 3 | 4 | 5 |
| | 该项平均分 | | | | | |

第一章 • 有目标的团队才不是乌合之众

【结果分析与说明】

| | 4～5分 | 3～4分 | 3分以下 |
|---|---|---|---|
| 愿景目标 | 团队有清晰的愿景目标，团队成员清楚地知道自己工作的意义、团队工作的价值，团队成员很有干劲儿 | 团队有较为清晰的愿景目标，团队成员知道自己工作的意义、团队工作的价值 | 团队缺乏愿景目标，团队成员不清楚自己为什么而工作，团队成员对自己的工作有比较大的怨言 |
| 工作目标 | 团队有清晰的工作目标，团队成员知道自己的目标是什么 | 团队有较为清晰的工作目标，团队成员知道自己的目标是什么 | 团队缺乏清晰的工作目标，团队成员并不清楚自己的目标是什么，在工作中感到非常茫然 |
| 行动目标 | 团队有明确的行动目标，团队成员知道自己该做什么才能达到目标，他们比较自信而且笃定 | 团队有比较明确的行动目标，团队成员知道自己该做什么才能达到目标 | 团队没有行动目标，团队成员不知道自己该做什么才能达到目标，他们对自己的工作缺乏自信，也常常有挫败感 |
| 目标规划健康度 | 团队目标规划健康度较高 | 团队目标规划健康度一般 | 团队目标规划健康度较低 |

第二章

# 缺乏执行的目标是空中楼阁

上一章谈到团队设计出好的目标非常重要,但是团队设计出了好的目标,就一定能够得到良好的执行吗?1961年5月25日,约翰·肯尼迪在国会联席会议上发表讲话,宣称美国"在这个十年结束之前,致力于实现将人类送上月球并安全返回的目标"。由于肯尼迪为美国设计了一个远大的愿景目标,美国的航空航天事业得到很大的发展。1990年5月,作为美国航天事业的一个重要组成部分,美国国家航空航天局(NASA)花费15年的心血,耗费17亿美元,向太空发射了哈勃望远镜,这在当时被认为是世界上最伟大的科研项目,但是球面像差的瑕疵导致了任务失败,原因在于NASA与供应商之间责任不清晰,供应商感受到过大的项目压力,不得不通过造假的方式完成任务。[21]

因此,即使有了好的目标,伟大的目标也需要有强大的执行,才能使得目标不再是一纸空谈。表2-1给出了三大目标的特征、执行重点和执行方式。本章的关注点在于如何确保团队的三大目标能够有效落地执行。

表 2-1　团队三大目标的落地执行

| 目标类型 | 特　征 | 执行重点 | 执行方式 |
| --- | --- | --- | --- |
| 愿景目标 | 长期、抽象、不易理解，不易得到团队成员的承诺 | 关注团队成员的需要 | 目标承诺：倾听、参与、利益捆绑 |
| 工作目标 | 年度，关注结果，强调执行 | 关注团队成员的责任 | OKR：目标分解、过程管理 |
| 行动目标 | 强调行动、行为、日常工作 | 关注团队成员的行为 | 支持：提供支持性的工作环境 |

## 第一节　目标承诺：提升愿景目标的可见度

团队有目标固然很重要，但是这个目标需要得到全体成员的认同，团队成员对目标的达成有高度承诺，愿意为目标的实现付出巨大努力，团队目标才能得以实现。

### 不想"赢"的足球运动员

一个足球队，愿意以 5∶4 赢得比赛还是愿意以 0∶1 输掉比赛？好像答案不言自明，肯定是要赢。但是确实是这样的吗？如果负责进攻的队员关注的是进球数，防守队员关注的是阻止对方进球的数量，那么这个团队的成员就有不同的目标。显然进攻队员希望踢进更多的球，所以他们希望球队能够以 5∶4 的成绩赢，因为他们踢进了 5 个球，而防守队员则可能希望球队以 0∶1 的成绩输，因为这样对方仅仅进了一个球，自己的成绩更好。负责进攻的队员要尽可能多进球，负责防守的队员需要尽可能地不让对手进球。

**思考**

大家都非常努力地做好自己的工作，但是整个球队可能并不能赢，这是为什么？

**启示**

每一个团队成员关注的是自己的目标，"赢"这个目标没有得到团队成员的认同，团队成员缺乏承诺。

尤其是团队的愿景目标，由于愿景目标是长期的，回答的问题是抽象的（团队工作的意义与价值），因此难以被团队成员正确认知并接受，难以在工作中被有效地执行。因此，团队管理者需要采取一些必要的策略，保证团队成员对团队愿景目标的承诺，确保团队成员对愿景目标有高度的执行力。

"没有一个领导可以独自实现梦想"[15]。团队管理者如何点燃团队成员的工作热情，如何赢得团队成员对愿景目标的承诺呢？重点是要抓住团队成员的需要，团队管理者需要做以下三件事。

## 一、倾听：了解团队成员内心的声音

人们喜欢被倾听，喜欢被关注，在被倾听的过程中，他们可以释放自己的情绪，也能够体验到被尊重的感觉。要想让团队成员给团队目标高度承诺，团队管理者首先需要学会倾听，学会观察团队成员为什么而工作。

有些人为钱、为高质量的个人生活而努力工作；有些人对家庭怀有极高的责任心，希望自己的努力给家人带来幸福生活；有些人则希望在工作中得到认可与尊重；有些人在乎工作的自主性、在乎自己能不能按照自己的节奏工作；还有些人则心怀改变世界的梦想，努力寻找工作的意义。

案例 2-2

### 斯卡利的需要

1980 年的苹果公司还是一个名不见经传的小公司，乔布斯试图为公司寻找一个有丰富管理工作经验的执行总裁（CEO），带领公司取得更大的成就。几经筛选，乔布斯看中了当时在百事可乐任总裁的斯卡利。彼时的斯卡利已经功成名就，拿着高薪，在百事可乐有豪华的大办公室，自己住着半山豪宅。乔布斯的邀约对他毫无吸引力，他完全没必要放弃优渥的生活，去一个未必能够取得成功的高科技企业冒险。

一次，为了吸引斯卡利，乔布斯这样说："你是愿意卖一辈子糖水，还是想改变世界？"这句话对斯卡利产生了巨大的影响力，斯卡利最终果断放弃自己在百事可乐志得意满的工作，于 1983 年 4 月加入苹果公司。

**思考**

为什么一句话会促使斯卡利放弃优渥的待遇加盟苹果?

**启示**

团队管理者要学会观察和倾听团队成员的需要。

---

不得不说乔布斯确实会洞察人性,乔布斯的话之所以对斯卡利产生巨大影响,恰好是在斯卡利的生理需要、安全需要,甚至尊重需要都得到了巨大满足的时候,按照心理学家马斯洛的观点,当物质的需要得到巨大满足的时候,人就会产生更高的精神层次的追求——改变世界!如果乔布斯把这句话讲给一个刚刚毕业的大学生听有用吗?在高薪的诱惑下,会有多少刚毕业的大学生选择卖糖水,又会有多少学生愿意放弃丰厚的薪水去改变世界呢?

为做到良好的倾听,团队管理者应该做什么呢?首先要去倾听、去观察团队成员重视什么、关心什么,当团队管理者倾听成员的声音时,团队成员感受到自己被关怀、被重视、被信任,他们才有可能全情投入工作中,实现团队的目标。其次,在诠释愿景目标意义与价值时,要把目标与团队成员关注的问题联系在一起,正如乔布斯使用"改变世界"这一愿景目标吸引斯卡利一样,团队管理者也需要思考如何使团队的愿景目标对团队成员产生吸引力。

## 二、参与:团队成员共同思考如何实现愿景目标

行为经济学中有一个著名的"禀赋效应":当个人一旦拥有某个物品,那么他对该物品价值的评价要比未拥有之前大大提高,人们普遍不愿意放弃自己已经拥有的东西,人类厌恶损失[22]。

**案例 2-3**

### 买者与卖者的心理落差

研究人员找来一些人参与实验,在实验中,一半人得到了一个杯子,另一半人没有得到。得到杯子的人有机会卖出自己的杯子,而没有得到杯子的人有机会买到这个杯子。

研究人员请拥有杯子的人填写自己卖出杯子愿意接受的最小钱数,没有杯子的人填写自己愿意购买杯子的最大钱数。结果,愿意卖出杯子的人报价的中位数是5.25美元,愿意购买杯子的人报价的中位数是2.25美元,二者相差3美元[23]。这个研究结果进一步说明,人类珍惜自己所拥有的东西,害怕损失。

**思考**

这一研究结果说明什么?与团队管理又有怎样的关系呢?

**启示**

人类珍惜自己所拥有的东西,害怕损失。团队管理者要设法让团队成员自己形成某些观点和想法,让他们拥有该想法的"产权",则执行难度会下降,执行程度会上升。

---

上述研究结果与团队管理、团队愿景目标执行、团队成员的目标承诺有哪些关系呢?研究表明,当团队成员参与团队决策的过程时,一旦达成共识,他们更愿意去执行这个决策的结果,因为这不是管理者的决策,是大家共同的决策。"禀赋效应"在实际工作中的运用就是团队管理者在愿景目标实施的过程中要注重团队成员的参与,一旦成员参与设计如何实现愿景目标的过程,这个目标就不再是团队管理者个人的目标了,它会成为团队成员共同的目标。

### 案例2-4

## "参与"成功地拯救了课堂教学

笔者曾经给一些全国三甲医院的药剂科主任讲课,讲课的内容是"打造高绩效团队"。在课间休息的时候来了好几个学员,他们提供的反馈是这样的:这课程对他们的用处不是很大,因为他们是事业单位的,药剂科这个团队只有两个职位——配药和发药,而且为了团队和谐,他们的绩效考核也缺乏完善的制度,到了年底最优绩效的团队成员与最差绩效的团队成员薪酬奖金的差异很小。因此,他们的反馈是,这个课程其实没什么用,对他们来说没有太多的价值。

为了解决这个问题,笔者想到了一个办法,先讲了一部分理论后,找了一个案例请学员共同分析,在分析的过程中需要大家想出35个打造高绩效团队的方法。案例分析结束,笔者将学生的解决方案写在黑板上,然后问了这样一个问题:"请大家想一想,这些方法中哪些是在医院的药剂科用不上的,可以把它们擦掉!"

结果,所有学员沉默了差不多10秒钟,然后郑重其事地发表了自己看法:所有的方法在实际工作中都能够用上!

**思考**

为什么学员转变了自己的看法?

**启示**

这就是"禀赋效应"在实际工作中的应用。

---

老师在讲课的时候,所讲述的内容属于老师,而学生在发言的时候想出的解决方案属于他们自己,他们当然不愿意随便推翻自己的想法,也不愿意轻易认为自己是错误的。这个案例说明,在制订愿景目标的执行计划时团队成员参与的重要性。团队成员参与愿景目标的执行计划的制订,会有这样的好处:(1)团队成员会给这个目标一个高度的承诺,因为执行方案是大家群策群力想出来的,产权属于全体成员,符合"禀赋效应",所以团队成员会更愿意实现这个目标;(2)在沟通和参与的过程中,成员更清楚地知道团队的目标和态度,因此更愿意付出。这里教大家一个管理的窍门:将自己要说的话变为团队成员想说的话,将自己想办的事变成团队成员真心想去做的事,团队管理者的管理就一定会取得成功!

如何让团队成员更好地参与愿景目标的执行计划的制订呢?第一,在设计愿景目标实施计划的过程中,鼓励团队成员发出自己的声音,鼓励团队成员讨论团队的愿景目标应该如何达成,需要使用哪些方法。第二,听取不同的声音,有时候团队成员会表达自己不同的看法,有些团队管理者会认为这是团队成员在设法拆自己的台,其实,当团队成员愿意表达自己的观点时,就说明他们对团队是忠诚的,是希望团队的工作能够不断完善的。第三,邀请团队成员群策群力想出达成愿景目标的各种点子和方法,并鼓励大家在工作中具体实施他们的点子与方法,以达成团队目标。

## 三、利益：目标的达成使团队成员得到好处

在执行团队目标的过程中，每个团队成员都会思考一个问题，达成团队的愿景目标对个人有什么好处呢？在管理中，团队管理者要想让团队成员有强大的执行力，必须设法让他们得到好处，只有得到好处才愿意去执行。用下面的案例来进行说明。

### 案例 2-5

#### 化工团队的目标为什么能得到认同？

还用上一章的案例——一位化工室主任为自己的团队设计的工作目标："三年时间成为全国排名前十的化工单位"。这个目标会不会得到团队成员的高度承诺，在现实工作中会不会被强力执行呢？答案是会，为什么？

每一个团队成员在工作的过程中都需要打造自己的核心能力，如：经验、专业能力和人脉关系，帮助自己更好地实现职业发展。化工团队在为"成为全国排名前十的化工单位"奋斗的过程中，为了打造高效的化工团队，团队成员势必要做出更多努力，他们的能力也能够得到提升；为扩大团队影响力，也需要经常性地参加各种行业峰会与评比，这个过程也会帮助团队成员积累大量的人脉；此外，当该化工团队最终达成共同目标时，对每一个团队成员来说，他们服务于全中国最好的化工单位之一，意味着他们会得到更多的业界认可。

**思考**

化工室主任如何做到将团队的利益与成员的利益进行捆绑的呢？

**启示**

（1）团队成员通过努力提升能力；（2）团队成员通过参加各种行业峰会与评比扩大团队影响力且积累大量的人脉；（3）团队成员服务于全中国最好的化工单位之一也意味着自身会得到更多的业界认可。

---

因此，在目标执行的过程中，团队管理者需要设法让团队成员对团队目标做出高度承诺，将团队的愿景目标转化为全体成员的共同目标。转化的关键词有三个：倾听、参与和利益捆绑。做好这三件事，团队管理者就可以比较顺利地将团队目标推行下去，实现良好的执行。

# 第二节 考核机制：促使工作目标有效达成

## 案例 2-6

### 面包连锁店该不该有自己的目标？

一家面包连锁机构的愿景是"新鲜的面包叫醒每一个美好的清晨"。公司扩张的速度很快，3年时间在全国开了多家连锁店，每一个连锁店的团队成员人数为5～7人。

一次，在给分店经理培训的时候老师问了大家一个问题，每一个连锁店团队的目标是什么？大家异口同声回答说是利润率。这个目标来自于公司的要求，除了公司规定的目标，各团队就缺乏自己团队独特的目标了。

在各分店经理看来，为完成公司的目标，团队已经需要起早贪黑地工作了，如果再增加团队目标，肯定无法被全体团队成员接纳。

**思考**

面包店是否应该有自己独特的目标？

**启示**

必须有，面包店作为独立的团队，在执行公司总体目标的基础上，非常有必要形成自己独特的工作目标。

---

很多团队直接把公司下达的工作任务当成了团队的工作目标，这样存在哪些问题呢？第一，这个目标难以分解到每一个团队成员的工作职责中，负责库存的团队成员如何对利润率做出贡献呢？负责销售的团队成员是不是就应该把最贵的产品卖给客户？第二，团队成员未必认同这一目标，大家对这个目标可能有抵触情绪，缺乏对目标的承诺，在执行过程中会出现各种消极怠工现象。第三，如果仅仅关心利润率，团队成员可能只会关注是否向客户卖出了高价值的产品，而不会关注客户的感受，也不会根据客户的特点进行产品推荐，更不会与客户建立良好的关系，对利润率的关注反而会害了团队，使得团队的任务无法有效完成。

因此，当企业给团队下达了工作任务之后，团队应当将其转化为团队自己特有的工作目标，使用考核机制确保工作任务落实到人，并关注过程管理，使得团队的工作目标能够最终达成。

## 一、目标分解：工作目标层层落实到团队成员

为了有效达成工作目标，可以采用关键绩效指标考核法（KPI）或者目标与关键成果法（OKR）的方式对团队目标进行分解，将目标落实到每一个团队成员身上，并通过加强考核的方式促进目标的落地执行。由于本书所聚焦的团队是组织内部的有机组成部分，并非人数众多的组织，因此更推荐使用OKR的方式分解团队工作目标，将工作目标分解到每一个团队成员。

**为什么使用OKR而不是KPI？** OKR的全称是目标与关键成果（objective and key results），KPI的全称是关键绩效指标（key performance indicators）。从名称就可以看出，OKR不仅关注目标，也关注影响目标的关键成果（用以衡量达成目标的进度以及是否最终实现了目标），而KPI更关注的是结果[24]。OKR中的目标（O）强调的是结果，这个结果是通过关键成果（KR）达成的。关键成果是拉动目标实现的杠杆和实现目标过程中的一个节点。二者之间存在着因果关系，通过关键成果（KR）的执行，就能够达成目标（O）。

团队使用OKR有以下几个好处：（1）工作目标可以是宏大的，但是关键成果是具体可以衡量的，具有很强的落地执行性，每一个团队成员的目标都符合第一章谈到的SMART原则；（2）聚焦关键成果使得团队成员充分了解自己的工作重点；（3）目标（O）与关键成果（KR）存在密切联系，完成关键成果（KR）就意味着达成了目标（O），团队成员清楚地知道自己在工作中应该做些什么，自己的重点任务有哪些；（4）便于加强过程管理，团队管理者在工作中只需要适时关注关键成果（KR）就可以实现有效管理，同理，团队成员在汇报工作的时候只需要将关键成果（KR）的实施进度讲清楚即可；（5）OKR比较灵活，通常是以季度为周期进行循环，便于根据实际工作情况对目标和关键成果进行灵活调整；（6）是一个很好的过程管理工具，即使组织目前没有使用OKR系统，团队也可以采用OKR的方式帮助团队成员聚焦重点工作，加强过程管理。

第二章 • 缺乏执行的目标是空中楼阁

在团队管理的过程中如何使用OKR呢？这里介绍三个步骤。

**第一，将团队的年度工作目标使用OKR的语言描述出来。**团队可以使用OKR将团队工作目标具体化。一般每个季度将工作目标聚焦在5个左右的重点工作，并设置为季度目标（O），每个季度目标（O）又要对应5个左右的关键成果（KRs）。有些团队也会选择1个月为一个周期设计OKR，当然一个月的周期可能更适合于那些新创立的、正在寻找市场和新客户的团队。

### 招聘团队的OKR

某互联网企业招聘团队的年度工作目标是：为满足公司业务拓展的需要，实现年度招聘合格软件工程师不少于100人，销售经理不少于50人，产品经理不少于30人。

为完成该年度目标，招聘团队2021年第一季度设计的目标（O）有如下五个，需要说明的是，这5个目标也同样需要符合SMART原则：

（1）打通高校合作渠道，争取实现高校直接输送合格人才；

（2）完成软件工程师、销售经理和产品经理的能力评估体系建设；

（3）拓展多种招聘渠道，为有效招聘优秀人才提供储备；

（4）完成人才储备资源池建设，储备行业内有潜力的优秀人才；

（5）完成不少于100位软件工程师的面试工作。

其中，第二个目标（O）又进一步细化为4个关键成果（KRs）：

- 1月底之前，完成软件工程师、销售经理和产品经理所在部门管理者的访谈；完成企业内部优秀软件工程师、销售经理和产品经理的访谈（每一个岗位不少于5人次），了解关键能力素质；

- 1月底之前，调研学术文献、行业报告、竞争对手资料不少于50篇，提炼关键能力素质；

- 2月底之前，整合相关信息，形成能力素质模型，并根据用人部门的意见进行修订；

- 3月中旬前,根据能力素质模型,进一步开发评价工具,包括但不限于以下评价工具:简历分析、背景评估、背景核查、笔试和面试等;
- 3月底前,试用该模型与相关评价工具,根据试用结果修订模型与工具。

**思考**

将工作目标使用OKR的语言进行表述有哪些好处?

**启示**

工作目标变得清晰可操作,且重点突出,每一位团队成员都会清楚地认知到自己的努力方向。

---

可以把目标(O)与关键成果(KRs)之间的关系用表2-2来进行描述。

表2-2 OKR设计表格

| 序 号 | 目标(O) | 关键成果(KRs) | 完 成 日 期 |
|---|---|---|---|
| 1 | O1 | KR1 | |
| | | KR2 | |
| | | KR3 | |
| | | KR4 | |

第二,根据团队的OKR,结合自己的工作,团队成员进一步设置岗位工作的OKR,要确保团队的OKR能够落地实施。团队成员根据团队的OKR继续进行分解,结合自己的实际工作,团队成员的目标(O)可以与团队的目标(O)联系在一起,也可以与团队的关键成果(KR)联系在一起。团队成员的目标(O)一般也不超过5个,设计好团队成员的目标后,由团队成员自己设计出每一个目标的关键成果(KRs)。团队成员OKR设计的过程,应该公开讨论,每一个团队成员都要对自己的OKR设计的意义、原因、目标和行动进行说明,并有团队管理者和其他团队成员提出意见和建议,以便于每一个团队成员设计的OKR能够确保与团队的OKR密切联系,且最终覆盖团队的OKR(见图2-1)。

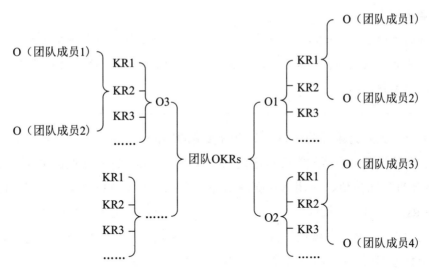

图 2-1　团队 OKR 分解图

### 案例 2-8

## 面包店团队的关键成果（KRs）

本节开篇的面包店团队案例中，在团队确定把利润率作为团队的工作目标后，每一个团队成员可以使用 OKR 将该工作目标分解到自己的工作中去。团队成员可能会说："我的工作是为了实现分店 5.5% 的利润率。我实现目标的方式是：我清理和布置桌子的速度越快，我们每小时能接待的顾客就越多；我们接待的顾客越多，我们的贡献就越大；我们的贡献越大，公司的利润率就越高。这就是我的工作。"因此，负责服务的团队成员的 KR 之一可以是确保 5 分钟内完成桌子的清理。

他们的关键成果（KRs）可能不局限于卖面包，提供面包产品，还包括与社区的顾客搞好关系，添加联系方式免费送货上门，建立微信群及时提供最新的产品信息，了解不同年龄顾客的喜好和健康特点并给出最专业的饮食建议，根据社区顾客的特点提供最适合的面包产品等。

**思考**

好的关键成果（KRs）能够产生哪些作用？

**启示**

好的关键成果（KRs）能够让团队成员清楚地知道每一个关键成果与工作目标之间的有机联系，知道自己的行为能够产生哪些作用，通过聚焦关键成果，最终实现工作目标。

---

**第三，公开讨论并公布每一个团队成员的OKR**。OKR的设计过程应该是一个公开的过程，团队成员要叙述自己的OKR与团队OKR之间的联系，自己的OKR有什么价值，对团队有哪些贡献，自己的目标（O）与自己的关键成果（KRs）之间的有机联系与因果关系，自己的OKR是否具有挑战性，以及自己的OKR需要得到哪些资源支持和其他成员的配合。在此过程中，团队管理者和其他团队成员可以发表意见和看法，以助于OKR的完善。

## 二、过程管理：严谨的过程带来良好的结果

由于OKR强调的是过程管理，因此，团队在使用OKR执行团队目标的时候，还需要注意以下一些问题。

**第一，公开透明，持续跟踪**。OKR在设计的过程中是公开透明地进行讨论的，团队成员相互可以看到其他成员是如何设计自己的OKR，以及OKR之间存在怎样的联系。在执行的过程中，OKR的执行情况同样是公平透明的。团队管理者可以采用周例会的方式来对每一个团队成员的OKR进行回顾[25]。在周例会的过程中，可以使用OKR周例会沟通表，如表2-3所示。

表2-3　OKR周例会沟通表

| 本周OKR进度 | 下周OKR计划 |
| --- | --- |
|  |  |
| OKR阻碍及原因 | OKR改善方案 |
|  |  |

团队成员使用该表格对自己OKR的进度进行说明，对自己下周的OKR计划进行叙述，同时提出自己在OKR执行过程中存在的问题及阻力，需要哪些人进行团队协作或者需要协调何种资源，计划自己如何对OKR的实施进行改

善，团队管理者可以思考如何对资源进行调配来帮助团队成员完成OKR。

第二，**不断调整，保持灵活**。OKR可以随着环境的变化、客户需求的变更以及组织要求的改变而改变，OKR不是一成不变的。在执行的过程中，团队或者团队成员可能会发现自己的OKR设置不是非常合理，这时候只需要有合理的理由，就可以对OKR进行修改[26]。尤其是季度OKR会议上，那些被删除和改变的OKR需要进行反思：有哪些变化因素是之前没有预料到的？从中可以得到哪些教训？下一次设计OKR需要注意哪些因素等。

第三，**加强沟通，促进协作**。OKR在设计和执行的过程中，团队管理者和团队成员相互参照，大家都非常清楚地知道团队的目标，知道团队管理者的目标，每一个成员也知道彼此的目标，因此他们更容易形成协作关系。在OKR的过程管理中，由于团队内部在不断沟通，因此，大家也会清晰地知道自己的工作与其他人如何发生联系，这样就能够通过沟通不断调整自己的OKR，最终达到团队的目标。

## 第三节　工作环境：打造有利于实现行动目标的氛围

### 案例2-9

### 愿景目标与行动目标

一个聪明的男孩考上了当地的重点初中，入学的那一天，妈妈告诉他："如果你像现在这样努力学习，你将来有机会去全世界最好的大学学习，有机会成为诺贝尔奖获得者的学生呢！"孩子一听欢呼雀跃，问妈妈："这是真的吗？"妈妈认真地回答："当然是真的"。

妈妈给孩子树立了一个远大的愿景目标，有机会成为诺贝尔奖获得者的学生，猜猜这个目标能够实现吗？智慧的妈妈知道那是很久以后的事情，这个男孩虽然聪明，但是也会有贪玩、好动、淘气、不自律的一面，小学的时候就因为这些原因多次被老师请过家长。怎么办呢？妈妈给孩子定出了年度的学习目标，每年的成绩要在班级的前五名，孩子也表示同意了。接着，妈妈又和孩子一起制定出了行动目标：每天规律的作息时间、每天完整的课堂笔记与作业记录、每天作业完成情况记录。

通过男孩与妈妈的共同努力,他现在已经实现了自己的梦想——师从诺贝尔奖获得者,并在数学研究领域取得了成就。

**思考**

为什么一个好的愿景目标背后需要强大行动目标的支持?

**启示**

"千里之行始于足下"愿景目标是面向未来的,美好的未来需要脚踏实地、枯燥且繁杂的具体工作支撑。

---

这个故事讲的是愿景目标、工作目标和行动目标之间的关系,以及如何通过每天的行动目标最终实现愿景目标和工作目标。有了远大的愿景目标和阶段性的工作目标,还需要每天工作的行动目标,才能最终让目标落到实处。在每天的工作中,团队管理者应该怎么做,才能让行动目标落地执行,并最终服务于愿景目标和工作目标呢?行动目标解决的是日复一日的实际工作,因此团队管理者需要关注的是团队成员的行为,团队管理者需要通过打造支持性工作环境来督促成员在每日工作中达成行动目标。

2018年出版的《助推》一书,特别强调了支持性工作环境的重要作用,助推的概念定义为:"不禁止任何选项,也不大幅改变经济激励措施,却促使人们在选择时期朝可预见的方向发展,这种力量就是助推……纯粹的助推中,必须能够不费力气地避免干预。助推并非强制性的。将新鲜水果摆放在与人们视线平齐的柜台上算是'助推'。而以法律形式禁止食用垃圾食品则不是。"[27]换言之,助推影响选择,而非强制选择。为达成团队的行动目标,团队管理者需要在工作中打造一个支持性的工作环境,让团队成员产生聚焦行动目标达成的工作行为。

## 一、支持一:重点工作任务上墙

人类的认知符合"选择性知觉"的特征:我们无法注意到周围发生的所有事件,只能选择性地认知到部分事件。比如:孕妇更容易注意到大街上的其他孕妇;开车的时候,我们更容易注意到与自己的车同样品牌的汽车。有一项研究请了23个企业的管理人员阅读一个综合案例，这23个人当中，有6个负责营销，5个负责生产，4个掌管财务，8个负责行政工作，结果，当研究者希望管理者写出自己认为案例中最主要的管理问题有哪些时，83%负责销售的管理者认为营销最主要，而其他的管理者中只有29%有同样的看法[28]。团队成员也存在"选择性知觉"，在实际工作中，他们要关注的细节很多，工作任务很烦琐，往往在工作中迷失工作重点，因此，在工作环境的打造中，团队管理者要时刻提醒团队成员什么是重点任务。

一旦团队经过讨论形成了愿景目标和工作目标，团队管理者就需要把这个思路贯彻到团队成员的日常工作中去，落实到行动目标上，要在团队成员的脑海里牢牢树立目标意识，使得团队成员在开展任何工作的过程中都紧紧绷着一根弦儿——为目标和重点工作而努力工作。

### 人是可以被暗示的

研究显示，人是会受潜意识影响的，心理学研究发现，找两组学生来进行拼字游戏，时长是2分钟，研究人员通过送话器发挥指令，A组学生在拼字之前使用"成功""成就""挑战"等词造句，B组学生则没有，当研究人员发出停止拼字的指令时，A组学生有57%还在继续努力拼图，B组学生只有22%还在继续。使用"成功""成就""挑战"等词造句激发了A组学生想要赢的潜意识，所以他们会做出更多努力。

**思考**

该心理学研究成果对团队管理者的启示是什么？

**启示**

团队管理者可以通过设计良好工作环境的方式，激发团队成员的斗志。

---

**要在工作环境设计中突出重点工作任务**。在团队办公室的墙上粘贴"工作清单""工作进度表""高效团队成员照片"的图片，同样能够激发团队成员想要赢的潜意识，有助于团队成员实时将团队目标放在心中。

## 二、支持二：工作任务清单化

工作任务清单化也是团队管理者可以使用的支持性工作环境，帮助团队把工作目标进一步落到实处。

**第一，团队需要一张检查表或者重点任务清单**。检查表可以促使团队成员在正确的时间做正确的事情。类似的还包括新冠疫情期间，通过检查表的方式使得非常劳累的医护人员清楚地知道，自己是应该先洗手再摘下手套还是应该先摘下手套再洗手。《清单革命》一书中讲述了这样一个故事：2008年1月，英国航空一架波音777飞机双发停车，在距跑道400米场外迫降接地，飞机受到严重损坏。调查结果显示，因为飞机跨越极地飞行，机内燃油在极寒天气下产生冰晶。于是，飞行员在跨越极地飞行中应该如何防止冰晶在油箱中聚集的操纵流程进入了飞行员清单。2008年11月，达美航空一架波音777从上海飞往美国亚特兰大，飞机在高空遇到类似故障。与上次不同的是，这次飞行员知道该如何处置这一情况。他们根据检查单上列出的步骤进行操作，发动机恢复了工作，整个过程非常顺利，甚至连旅客都不知道飞机出现了异常情况。[29]

**第二，设置一个监督者检查重点任务清单的完成情况**。有些计划减肥的人把自己的微信头像改为："不瘦十斤，不换头像"，这有什么用呢？试想一下，如果自己的减肥计划没有人知道，多半会放弃，毕竟好吃的东西实在是太多了，但是如果向所有人宣布自己的减肥计划，当想放弃的时候，就会由于知情者的压力和监督者的压力，促使自己坚持下去。加州曾经做过一个这样的研究，由于夏季缺水，加州希望居民能够节约用水。A社区居民使用的是提升水价的方式，B社区的居民在维持原有水价的基础上每月得到本社区其他居民的用水量情况。结果显示，二者的效果一样好，当B社区的居民了解到周围人的用水量在下降的时候，他们也会选择减少自己的用水量，这也能起到监督者的作用。

## 三、支持三：任务责任到人

在实际工作中，团队管理者常常发现很多团队成员不愿意承担责任，比如他们会说："这事儿跟我没什么关系吧？""这事儿不是我负责，我也不太清楚。""因为客户耽误了我的时间，我的工作才没有完成的！"这样的情况会

## 第二章 • 缺乏执行的目标是空中楼阁

使团队管理者哭笑不得。为什么团队成员喜欢推卸责任呢？怎样才能让团队成员切实负担起他们的责任呢？

其实，喜欢推卸责任是人类的本能之一。社会心理学的研究发现一个现象叫"自我服务偏见"：当我们加工和自我有关的信息时，会出现一种潜在的偏见，我们会为自己的失败开脱，但是会欣然接受自己的成功，我们把自己看得比别人更加重要[30]。当团队成员失败时，他们会把失败的原因归结为"运气不佳""问题太难""客户不配合"等外部因素，但是在解释成功的时候，他们会归结为自己的能力、勤奋等。

### 案例2-11

## 市场部经理的说辞

有一家为大型电力工程做配套环境工程的企业想招一位副总经理，候选人有5位，4位外部候选人是男士，1位内部候选人是女士。这位女士来自企业的市场部，是市场部经理。按说她应该有很大的竞争优势，因为她熟悉企业内部的运作方式，而且在市场部负责整个公司的销售工作。

没想到在应聘的时候，这位女士的表现不尽如人意。面试时，企业的总经理问了她一个这样的问题："你们市场部的工作现在没有得到公司领导的普遍认可，你认为原因是什么？"

女士答："我们市场部开展工作，需要得到技术部、工程部的大力支持，现在这两个部门没有给我们应有的支持，我们团队完全靠自己的力量去拓展客户，开拓市场，所以我们做得不是很好！"

总经理沉吟半晌后提出了自己的异议："我认为问题不是出在跨部门的协作上，问题还是出自于你们的团队，你们团队的人际关系过于复杂，成员的责任心太差，造成团队业绩不良……"

**思考**

针对同样的问题，为什么总经理和市场部经理的看法完全不同？

**启示**

这就是"自我服务偏见"在实际工作中的表现。

必须承认这位女士说的有正确的地方，很多工作是需要跨部门协作或者多团队协作的，市场部确实要得到技术部和工程部的支持才能完成公司的销售目标。但是作为团队管理者，如此轻易地将责任推给跨部门的协作，不去思考自己团队应该承担怎样的责任则是万万不应该的。这个案例中的女士对自己失败的辩解进一步印证了"自我服务偏见"这一心理学现象。

这位女士为什么会推卸责任呢？当人选择承担责任的时候，内心世界会产生自我否定，比如："我一定是不行才没有做好的。""我怎么那么笨啊！""我实在太差了。"这些自我否定违背了人类的"自我价值保护"原则，人类需要捍卫自己的价值、肯定自己的价值，才能满足自己的安全需要。所以，在工作中出现问题，推卸责任是大多数人的选择。团队成员在工作的过程中经常说："这件事超出了我的工作职责。""我能怎么办啊？""我也不太清楚！"这是非常常见的现象。但是一旦团队成员选择推卸责任，团队的目标就很难达成了，而且团队成员之间也很容易出现人际关系的摩擦，这时候团队管理者应该怎么办呢？团队管理者可以**明确责任与分工，并做到任务责任人上墙**。

## 案例2-12

### 图灵的成功

电影《模仿游戏》的主角是与众不同的科学家图灵。在第二次世界大战期间，图灵团队要解决的问题就是密码破译，团队目标是以独特的方式破译德军的密码。由于该团队大部分成员是科学家，因此个性都非常鲜明，擅长单打独斗。比如，一位密码专家喜欢独自散步，走上很长一段路，边走边思考，然后在散步结束时就将自己的咖啡杯扔到附近的湖里。图灵虽然异常聪明，但性格怪异，不善交际，冬天出行的时候会戴着防毒面具。就是这样一个团队，最终击败了当时世界上最先进的密码机，取得了辉煌的胜利，使得第二次世界大战提前数年结束。他们是如何做到的呢？

**思考**

当每一个团队成员都才华横溢、个性突出的时候，怎样才能实现有效的管理呢？

**启示**

充分认识到每一个团队成员的能力和性格特征,为他们安排恰当的工作,通过良好的团队协作和责任到人的分工实现有效的团队协作。

---

数学家亚历山大·休是以图灵的副手身份加入这个团队的,但图灵最终让他负责整个团队,因为休更擅长沟通、组织协调和管理。休使得图灵从繁重的行政管理工作中解脱出来,使得图灵的天赋得以充分地发挥,让图灵全身心地投入工作当中,为团队贡献出自己最大的价值。而团队中的斯图尔德·孟席斯是英国情报机构的负责人,有相当丰富的外部资源,善于与上层人士打交道,为团队争取了大量的资源和外部支持。正是一个这样分工协作良好、工作任务责任到人的协作机制,使得图灵的密码破译团队取得了巨大的成功。

当团队拥有了自己的目标之后,在达成目标的过程中每一个团队成员都需要清楚地知道自己的责任与分工。**分工需要建立在充分了解团队成员的能力、个性、价值观和工作动机的基础上**。当团队成员有明确的分工,既能充分发挥自身的技能和专业知识,实现自身的意义,同时又相互依赖,那么整支团队的工作会更加卖力,效率更高。

**行动指南**

1. 在执行愿景目标的过程中,团队管理者需要抓住团队成员的需求,并做到以下三点:

(1)倾听团队成员的声音,了解他们的诉求,将他们的诉求与团队的愿景目标建立联系;

(2)使用"禀赋效应",促使团队成员参与愿景目标的实施计划,提升他们实施该目标的意愿;

(3)通过利益捆绑的方式,在愿景目标与团队成员个人目标之间建立有机联系。

2. 在执行工作目标的过程中,团队管理者重点关注团队成员的工作责任,并做到以下两点:

(1)借助 OKR 管理工具将目标层层落实到每一个团队成员;

(2)加强过程管理,促使目标能够良好执行。

3. 在执行行动目标的过程中,团队管理者重点是关注团队成员的行为,并做到以下三点:

(1)通过重点工作任务上墙的方式,促使团队成员关注重点;

(2)设计重点工作任务清单,确保重点工作任务得到检查;

(3)每一项重点工作都标注任务责任人,提醒团队成员关注自己的任务重点。

测评

## 团队目标执行度测评

以下是团队目标执行度测评，目的是测试您所在团队的团队成员是否愿意执行团队目标以及团队目标能否得到有效执行。

其中1=非常不同意，5=非常同意。愿景目标、工作目标和行动目标三个维度可以分别计算平均分，分数越接近5分，说明团队成员对该维度的目标执行意愿/执行程度很高。如果分数低于3分，则说明在该维度团队成员的执行意愿/执行程度很低，你需要花费时间和精力去认真思考如何确保该目标得以有效执行。

请根据你所带领团队的实际情况，对下面题目进行评估。

| 维度 | 测评题目 | 非常不同意 | 不同意 | 中立 | 同意 | 非常同意 |
|---|---|---|---|---|---|---|
| 愿景目标 | 团队的愿景目标满足团队成员的需要 | 1 | 2 | 3 | 4 | 5 |
| | 团队成员参与设计愿景目标的实施计划 | 1 | 2 | 3 | 4 | 5 |
| | 团队成员愿意讨论愿景目标的实现方式 | 1 | 2 | 3 | 4 | 5 |
| | 团队成员认为实现团队愿景目标对自己有好处 | 1 | 2 | 3 | 4 | 5 |
| | 该项平均分 | | | | | |
| 工作目标 | 团队的工作目标明确分解到每一个团队成员 | 1 | 2 | 3 | 4 | 5 |
| | 每一个团队成员的工作目标清晰并可衡量 | 1 | 2 | 3 | 4 | 5 |
| | 团队成员的目标紧紧围绕团队的工作目标 | 1 | 2 | 3 | 4 | 5 |
| | 每一个团队成员对团队工作目标的贡献清晰可见 | 1 | 2 | 3 | 4 | 5 |
| | 该项平均分 | | | | | |
| 行动目标 | 团队成员清晰地了解团队的重点任务 | 1 | 2 | 3 | 4 | 5 |
| | 团队的重点任务责任到人 | 1 | 2 | 3 | 4 | 5 |
| | 团队成员清晰地了解如何达成团队重点任务 | 1 | 2 | 3 | 4 | 5 |
| | 团队成员清晰地了解自己每日工作重点 | 1 | 2 | 3 | 4 | 5 |
| | 该项平均分 | | | | | |

【结果分析与说明】

|  | 4～5分 | 3～4分 | 3分以下 |
|---|---|---|---|
| 愿景目标 | 团队成员充分认可并接纳团队的愿景目标，执行意愿相当强烈 | 团队成员比较认可并接纳团队的愿景目标，有一定的执行意愿，但遇到困难也可能出现反复 | 团队成员不认可也不接纳团队的愿景目标，认为所谓的愿景目标不过是一纸空谈 |
| 工作目标 | 团队的工作目标落实到人，过程管理清晰，团队的工作目标能够得到良好的执行 | 团队的工作目标基本落实到人，过程管理较为清晰，团队的工作目标能够得到执行，但是在执行的过程中可能会打折扣 | 团队的工作目标没有很好地落实到人，过程管理也不够清晰，团队的工作目标形同虚设 |
| 行动目标 | 团队使用大量的环境支持，能够确保行动目标的重点突出，团队成员清楚地知道自己的重点工作是什么，以及如何完成重点工作 | 团队有环境支持，能够保证行动目标的重点比较突出，团队成员也知道自己的重点工作是什么 | 团队没有使用环境支持以确保行动目标的重点突出，团队成员不知道自己的重点工作是什么，更不清楚如何完成重点工作 |

# 第三章 目标的增长来自于反思与完善

当团队的目标得以良好地设计和执行后,团队要做的下一件事就是通过反思与完善促使下一阶段的目标得到更大的增长与发展。美军发明了一种在团队工作中反思的方法——AAR(After Action Review),指的是在每一次目标达成后或每一次行动后团队的反思,通过反思以完善下一次行动[31]。国内的联想、华为、万科等企业也会使用复盘的方式提升组织能力[32]。团队也需要借助一些工具和方法来反思目标的设计与执行情况,以积累知识、经验和技能,帮助团队在未来的目标设计和执行过程中取得更大的进步。

> 案例 3-1

## 万事皆可改进

在招聘方面,谷歌招聘团队的目标是"宁缺毋滥",因为谷歌认为如果团队招聘了一个较差的团队成员,会在很大程度上影响团队士气,正所谓"一颗老鼠屎坏了一锅汤"。所以,谷歌的招聘流程很长，速度很慢，一个应聘者有可能会被面试25次，这常常被应聘者诟病，谷歌的招聘团队工作量也巨大。

招聘团队经过不断反思和量化分析之后发现，当应聘者经过第四轮面试后，招聘者能够做出准确判断的比例为86%，以后每增加一次面试准确率仅增加1%，所以，招聘团队得出了"四次原则"，即面试次数不超过四次，既减少了应聘者的烦恼，也减轻了招聘团队的工作量。

谷歌人力资源团队为确保绩效考核的公平性和激励性，最初的绩效考核是从1.0点到5.0点计分，中间有41个级别，3.0点到3.4点意味着"能够达到期望值"；3.5点到3.9点意味着"超过期望值"；4.0点到4.4点意味着"大幅超过期望值"；4.4点到4.9点意味着"接近于惊人表现"；而5.0点代表"表现惊人"。这种过细的评估方式给经理带来很大的困惑，以至于他们不得不每年花好几个月的时间去进行评估。于是谷歌的人力资源团队进行了大量的实验和反思，将绩效考评分从41级减少为5级，结果经理和团队成员的满意度增加了20%[26]。

**思考**

谷歌人力资源管理团队的做法体现出团队管理的哪些特点？

**启示**

数字化时代的团队管理强调"小步快跑""快速迭代"，团队需要通过不断尝试和反思，完善团队的管理。

---

万事皆可改进，团队的目标从设计到执行之后经历了一个周期，团队也需要通过反思与完善确保团队目标得以改进和增长（见表3-1）。

表3-1　团队三大目标的反思与完善

| 目标类型 | 反思与完善的工具 | 关　键　词 |
| --- | --- | --- |
| 愿景目标 | 解释水平理论 | 抽象或具体 |
| 工作目标 | AAR与复盘 | 回顾、反思、完善 |
| 行动目标 | 关注团队成员行为 | 过程、成长、获得、建设 |

# 第一节　愿景目标的动态调整：更抽象还是更具体？

根据解释水平理论，人们可以使用抽象、本质和总体的特征对事件进行表征（高水平解释），也可以使用具体、表面和局部的特征对事件进行表征（低水平解释），高水平解释关注情境或行动的全面、首要的特征，低水平解释则关注情境或行动的当下、次要的特征[33]。高水平解释关注事件相关的总体核心目标和首要特性，包括愿望和核心目标，而低水平解释则关注实现目标的方法和相关资源及"如何实现"目标。根据第一章的描述，愿景目标属于高水平解释，是抽象的、代表总体特征的。

## 一、抽象的愿景目标有效提升团队的精神境界

根据解释水平理论的研究成果，当团队管理者不断沟通和强化团队的愿景目标，采取各种手段引导团队成员执行愿景目标时，抽象的愿景目标具有以下作用。

**第一，降低团队成员自我损耗。**低水平解释重视实现目标的具体方法和资源，使人们在进行任务活动时更容易引起自我损耗，不利于完成连续任务时的自我调控，而高水平解释通过关注核心目标激励人们放眼未来并做出行动，而非囿于资源和方法的局限，促进人们完成任务时的自我调控，能更好地降低自我损耗。

**第二，提升团队成员自我控制。**

### 案例 3-2

#### 高水平解释与低水平解释

一项研究把大学生分为 A、B 两组，每组都要求将 20 个句子填写完整。A 组填写的内容为"狗属于__"写出狗的高级概念，如"狗属于哺乳动物"，这是高水平解释，B 组填写的内容为"__属于哺乳动物"，学生可以填写"狗"，这是具体的低水平解释。

填写结束后，实验人员要求两组大学生去做一道枯燥乏味且无解的数学题，结果发现，A组学生平均坚持了258秒，B组学生平均坚持了164秒[34]。

**思考**

该研究结果说明什么？

**启示**

解释水平会影响自我控制，相较于低解释水平，高解释水平更有利于自我控制。

---

总体来看，愿景目标属于高水平解释，因为愿景目标回答的是一个团队的定位，一个团队存在的理由和意义，也可以是团队期望达到的一种状态，是团队发展的长期目标。高水平解释增强了团队成员对于目标更广泛的、相关含义的欣赏，这是一项高尚的工作，这反过来又促进自我控制，表现为坚持时间更长。相反，低水平解释则把团队成员的注意力集中在目标次要的、偶然的特征上，这可能导致自我控制失败，表现为坚持的时间短。

**第三，降低团队管理成本**。当团队拥有抽象的愿景目标，体会到工作的意义时，团队本身会感知到较高的信任和重视，团队互动和工作体验也更加积极，促使团队朝向远大的目标不断努力前行，这有利于团队目标的实现。团队不需要太多的低水平解释，如低水平的过程监控、对资源的分配、对实现目标具体方法的讨论等。高水平解释使得团队成员用更加远大的目光看待团队的发展，团队的管理成本能够有效地降低。

**第四，促进团队成员的全局观**。在健康行为研究中，饮食健康是研究者重点关注的问题之一。有研究者要求被试者做出运动承诺，例如，一周运动四次，然后统计被试者实际运动的时间，结果表明，高水平解释启动下的被试者更有可能坚持健康的运动行为，其运动时间显著长于低水平解释启动组[35]。研究发现，解释水平较高的个体，对事件的表征更抽象，更关注事件的长远利益，减少立即偏好的满足，更关注长期利益而非短期利益，因此表现出更强的自制力和自控行为[36]。

上述研究成果都表明高水平的愿景目标对团队具有巨大的积极作用，但是在有些情况下，团队的愿景目标也需要相对具体化，保持低水平解释才更有利于团队愿景目标的达成。也就是说，团队管理者在强调团队的愿景目标时，不能只使用抽象的语句和高水平解释来描述愿景目标，在特定的情况下，团队管理者也需要通过动态调整，将高水平的愿景目标描述为低水平、具体的目标。

## 二、具体的愿景目标有效提升团队管理效率

在哪些情况下，抽象的、高水平的愿景目标需要转化为低水平、具体的描述呢？根据研究成果的归纳，在以下两种情况下，团队管理者需要对愿景目标的解释进行动态调整。

**第一，降低工作任务的难度。**

### 案例 3-3

#### 咖啡杯的重量影响解释水平

心理学家做过一个这样的实验，他们找了一群喜欢喝咖啡的人来喝咖啡，A 组使用的是普通咖啡杯，B 组使用的是非常沉重的咖啡杯。接着心理学家让喝咖啡的人使用 30 个词评价是否符合他们的心情。有些词是比较抽象的高水平解释，回答"为什么"的问题，比如：咖啡可以提神醒脑，有些词是比较具体的低水平解释，回答"是什么"的问题，比如：喝一种液体。

结果 A 组人普遍认为抽象的、高水平解释的词符合自己的心情，B 组人认为具体的、低水平解释的词符合自己的心情[21]。

**思考**

为什么沉重的咖啡杯会使得 B 组倾向于低水平的解释？

**启示**

沉重的咖啡杯代表有难度的工作任务，当工作任务难度增大时，团队成员需要聚焦于具体工作，视野变得狭窄，具体的、低水平的解释更有利于提升工作绩效。

---

当工作非常熟悉、已经得心应手的时候，团队管理者可以多强调工作的意义与价值，强调"为什么"，强调愿景目标，促使团队成员进行宏观思考，在具体工作与愿景目标之间建立有机联系，团队成员能够比较自律，也能够产生

较强的责任心。当工作还比较生疏、工作任务繁重、工作的挑战巨大的时候，团队管理者需要将抽象的愿景目标进行具体化的解释，帮助团队成员尽快上手，掌握工作内容。

**第二，打造团队良好的情绪氛围。**

### 案例 3-4

### 情绪影响注意水平

研究人员将大学生分为 A、B、C 三组，A 组使用一部喜剧电影激发其积极情绪，B 组使用一部山水电影激发其中性情绪，C 组使用一部悲剧电影激发其消极情绪。观影结束后，研究人员给三组人员一个测试，要求他们判断一些物品是否属于"家具"，其中一些物品是典型的家具，如"沙发"，还有一些物品属于非典型的家具，如"花瓶"。研究结果显示，被激发了积极情绪的个体能够更准确地判断出非典型物品也属于家具[37]。

**思考**

情绪状态对认知加工产生怎样的影响？该研究结果对团队管理制度启示是什么？

**启示**

积极情绪有助于团队成员全面地认识问题，整体地把握问题。

---

研究证实，当个体处于积极情绪和中性情绪状态时，倾向于采用整体加工策略，关注事物的整体性信息；而当个体处于消极情绪状态时，则倾向于采用局部加工策略，关注事物的细节性信息。当个体成功时，倾向于从一般、抽象性角度来描述其行为；当失败时，则倾向于从具体、细节性角度来描述其行为。上述观点可被称为注意水平假设，指的是即使内在信息缺失，情绪也将引导个体所关注的信息类型，即与消极情绪相比，处于积极情绪状态下的个体更多关注整体信息，而较少关注局部信息。

当情境变得不确定时，个体会更多地将关注点从整体的、一般的、抽象信息转移到局部的、特定的、细节性信息，以利于自己找出不确定性的问题所在。当消极情绪暗示着事物的不确定时，个体会更多地将整体信息转移到局部。因此，当团队处于不确定的工作环境或遇到较大的挫折与失败，团队士气低落的情况下，团队管理者也可以将愿景目标进行具体化的解释，以帮助团队看到希望，渡过难关。

## 第二节 工作目标的完善：如何促使工作目标不断增长？

### 案例 3-5

#### 需要成长的工作目标

一家在华外资医疗企业的北京医疗营销团队，2017年制定的工作目标是实现销售额60亿元，新增销售收入15亿元，新增客户15家。但是年底该营销团队进行盘点时，发现自己的销售额成功完成，但是新增销售收入和新增客户指标未达成。

**思考**

年初制定的工作目标无法达成是团队管理中常见的现象，团队管理者应当对该现象坐视不理吗？

**启示**

团队工作目标是帮助团队聚焦重点工作的，团队的工作目标没有达成可能会有这样或者那样的原因，但是通过反思帮助下一年度更好地制定目标，是团队管理者必须要做的一件事，否则团队的工作目标没有存在的价值。

---

团队可以使用复盘或者 AAR 的方式来对自己的工作目标进行反思，以确保下一年度的工作目标得以实现，或者对工作目标进行有效的调整，促使工作目标得到成长。

### 一、什么是 AAR/复盘

据说，一位将军在抗日战争时期曾经说过：枪声一响，所有的作战计划作废一半，因为战斗的实际情况可能与计划千差万别。团队的工作目标执行也是一样的，团队可能有很好的工作目标和工作计划，但是在执行的过程中由于资源条件、市场环境、技术条件以及竞争对手等的变化，工作计划的执行可能出现偏差，工作目标也需要进行相应的调整。所以团队的工作计划需要根据形势的变化进行调整，同时已经执行的任务和已经完成的工作目标也应该对团队下一阶段工作目标的制定产生影响。这样团队才能最大限度地从过去的工作中学到经验，并促进下一阶段工作目标的设计和执行更好地完成。

对团队工作目标的反思和完善可以使用复盘或者 AAR 的方式进行。复盘指的是从过去的经验、实际工作中进行学习，帮助管理者有效地总结经验、提升能力、实现绩效改善[32]。类似的，美国陆军对 AAR 的定义是"对一个事件的专业讨论，以绩效表现为核心，重点放在帮助参与者自己发现发生了什么，为什么发生，如何保持优势以及改正缺点"。在针对工作目标进行反思和完善时，复盘/AAR 是一种非常好的反思与学习机制，通过深度沟通与交流，团队成员可以更好地看到工作目标设计和实施过程中存在的问题，以及未来应该如何更好地设计和实施工作目标。

案例 3-6

## 复盘与 AAR

复盘这一概念是联想集团的柳传志提出的，他在阅读了《曾国藩》一书后，发现曾国藩有一个很好的习惯，就是在完成重大任务后，要自己找一个安静的地方把整个过程思考一下。柳传志认为这个习惯与自己的经历十分相似，于是在 2001 年在联想率先提出了"复盘"的概念。

2009 年，受国际金融危机的影响联想出现了亏损，柳传志重回联想担任董事会主席，通过复盘等方式使得联想当年就扭亏为盈。此后，柳传志在联想大力推广"复盘"的概念，并在 2011 年形成一整套的流程和方法论，在联想内部进行推广。

AAR 是美军在 20 世纪 70 年代提出的概念，目的是针对瞬息万变的战争环境进行分析和反思，使用学习到的经验和方法，以便更好地服务于未来的战斗。例如，在执行任务时，美军常常会遭遇当地武装分子的袭击。通过 AAR，美军发现当地人对军警所用的德国牧羊犬非常恐惧，于是在下一次巡逻的过程中，他们把警犬放在前面，美军的伤亡人数果然大幅度降低。

**思考**

复盘与AAR的共同之处在哪里？团队管理者可以将这些方法用于工作目标的反思与完善吗？

**启示**

复盘与AAR的共同之处在于加强反思，通过反思进行学习，把经验进一步升华，指导未来的工作。团队管理者可以将这些方法用于工作目标的反思与完善，一方面可以促使未来工作目标的设计更加科学，另一方面也可以促进未来工作目标更好地达成。

下面用联想复盘四步骤说明团队如何回顾、反思工作目标的设计与执行情况，以及如何将反思和回顾结果应用于下一次工作目标的设计和执行过程，以帮助团队取得更好的业绩增长（见图3-1）。

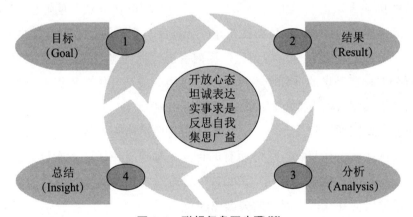

图3-1　联想复盘四步骤 [38]

## （一）回顾目标

在复盘时，团队成员先一起回顾团队设计并执行的工作目标是什么，通过调用团队的相关存档文件可以很容易得知团队的工作目标情况。在讨论过程中，将目标展示出来，就是将目标一直很清晰明确地写在某一个地方，复盘的时候能够随时看到，而且很轻易就能看到。可以是写在白板上，也可以是投影在屏幕上。这样，团队成员的讨论就会聚焦于工作目标，不会跑偏。

## （二）评估结果

将团队已经取得的量化成果与工作目标进行对比，一般来说，工作成果与工作目标存在以下几种情况：（1）工作成果与工作目标完全一致；（2）工作成果超出工作目标的要求；（3）工作成果低于工作目标的要求；（4）由于环境的变化，工作目标进行过调整，工作成果与工作目标不一致，有些工作成果是先前的工作目标没有要求的，或者有些工作目标没有产生相应的成果支撑。

在复盘时，团队成员重点关注第三和第四种情况，即工作成果低于工作目标的要求，以及工作成果出现较大变更的情况。

## （三）分析原因

分析原因是团队复盘最重要的步骤，也是最容易出现问题的步骤。因为在分析原因的过程中，极有可能出现推卸责任和相互指责的现象。要想避免相互指责的现象出现，团队需要做到以下几点：（1）团队管理者以身作则，在复盘过程中接纳大家对自己的批评和分析；（2）团队树立成长的心态，复盘的目标是促进团队的成长，不是在找茬儿或者批评与指责；（3）在复盘的过程中，设计"提问者""促进者"等角色，提问者通过提问等方式促进大家思考，促进者帮助大家在反思的过程中不跑偏，一旦团队成员开始互相指责或批评时，促进者要将大家从指责或批评的状态中摆脱出来。

在分析原因的过程中，可以让团队成员将团队所采取的行动罗列出来，并将行动指向团队工作目标，了解所有的行动是如何支撑团队工作目标的，当二者之间出现差距的时候，使用"5W1H"的提问方式设法寻找事件的关键点，通过不断地追问寻找产生问题的关键原因。

## （四）总结回顾

在寻找到问题的关键原因之后，进一步将关键原因上升到规律的高度，更新团队的认识，总结出一些规律，提炼出一些方法，确定一些行动措施。

好的规律应该包括以下特征：（1）能够禁得起逻辑考验；（2）经过交叉验证，在不同的场合该规律都得到验证；（3）能够指导团队未来的工作目标设计和执行；（4）指向共同特征而非仅服务于某一个具体事件；（5）可以进行进一步的推演。[38]

## 二、应用 AAR/ 复盘帮助团队反思与完善工作目标

下面将使用本节开篇的外资医疗器械公司北京营销团队的工作目标来说明如何使用 AAR/ 复盘的思路帮助团队工作目标的反思与完善（见表 3-2）。

表 3-2　医疗器材营销团队的复盘成果 [39]

| 复盘四步骤 | 主要内容 |
| --- | --- |
| 回顾目标 | 实现销售额 60 亿元，新增销售收入 15 亿元，新增客户 15 家 |
| 评估结果 | 销售额完成 100%，新增销售收入指标完成 86%，新增客户指标完成 80% |
| 分析原因 | SWOT 分析、渠道占比分析、竞争对手营销渠道与创新分析 |
| 总结回顾 | 需要有新增渠道的考核指标 |

由于该营销团队的工作目标相当量化，且在复盘前进行过良好的准备，因此第一步"回顾目标"和第二步"评估结果"都很快结束。最重要的第三步"分析原因"引起了热烈的讨论。

第一，团队管理者进行了发言，由于他刚刚从某知名大学拿到了工商管理硕士学位，掌握了大量的战略管理理论与工具，所以他使用 SWOT 分析，对本企业医疗器械营销的优势劣势以及所面临的机遇挑战进行了一个比较详细的分析，包括从医改政策到国家对医疗器械发展的大力支持和管制力度的增加，从老龄化到社会对高质量医疗器械需求的增加，从医疗器械行业的快速发展到外资企业不断向低端产品进军的形势。他得出的结论是虽然医疗器械企业有巨大的发展前景，但外资医疗器械企业面临着国内竞争对手的激烈竞争，因此，必须创新团队营销的模式和渠道。

第二，在团队管理者的引导下，团队成员也开始踊跃发言。复盘的促进者首先将已经完成的 60 亿元销售收入的营销渠道和模式进行了分析。其中 63% 来源于公司的直销渠道，也就是说北京营销团队的销售经理们贡献了最大的销售收入，12% 的销售收入来自一级经销商，7% 的销售收入来自于平台供货给有营销能力的国内医疗器械企业，10% 的销售收入来自于新型的融资租赁，还有 8% 的收入来源于其他的营销方式，如项目营销等。但直销团队对营销收入贡献的增长乏力，需要更多新增渠道帮助营销团队增加销售收入。新增销售收入和新增客户任务没有完成的主要原因是：（1）现有的经销商、平台采购、

融资租赁模式都更青睐公司的现有产品,对新产品的营销持谨慎观望态度;(2)由于医疗器械国产化的趋势以及阳光采购的影响,与新客户建立联系成为一个明显的短板,造成该项指标未达成。

第三,团队成员开始根据自己获得的市场竞争信息,补充现有的国内外医疗器械企业使用的营销渠道,结果归纳整理出如下的一些营销渠道发展趋势(见图3-2)。

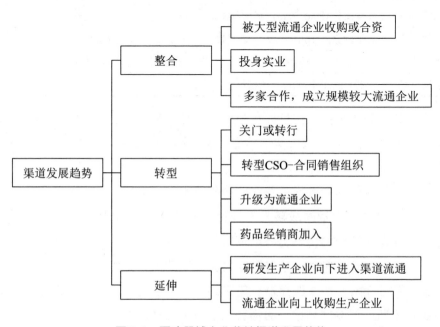

图3-2 医疗器械企业营销渠道发展趋势

经过一系列的分析之后,复盘的"总结回顾"如下所述。

第一,由于医疗器械国产化的趋势,要增加新增销售收入和新增客户需要加强与国有医疗器械企业的合作,跟随国有企业打入新增市场。

第二,持续通过优质产品、培训和服务吸引优质经销商,借助优质经销商的市场优势、客户资源、人才队伍开拓新增市场,并进一步推动经销商优质资源共享。

第三,设法新增网络营销渠道,大型互联网公司如京东、腾讯、百度、阿里巴巴等;医疗行业外部流通企业,如顺丰等,布局医疗行业包括营销渠道和物流配送的战略分析,与大型互联网公司进一步开展合作。

第三章·目标的增长来自于反思与完善

第四，参与推动第三方采购平台的建设。第三方采购平台未来是医疗器械营销的重要渠道之一，参与采购平台的建设过程，对营销团队布局下一步营销为战略营销。

通过上述分析，在下一步工作目标设计方面，北京医疗营销团队得出的结论是：在销售收入、新增销售收入和新增客户之外，还需要增加"新增渠道"这一工作目标，"新增渠道"这一目标又可以细分为"国有医疗器械渠道""优质经销商渠道""网络营销渠道"和"第三方采购平台渠道"。**通过复盘的方式，工作目标得以有效地反思和完善。**

## 第三节　行动目标的反馈：促进团队成员成长

第一章曾指出团队的行动目标可以是对团队行为的一些具体规定、一些高度抽象的原则或者一些重点任务的规定。团队的行动目标指向团队成员的具体工作，因此行动目标的反思与完善和团队成员的工作联系在一起，团队管理者要学会用恰当的反馈方式帮助团队成员获得成长，团队也得到相应的成长与发展。因此，愿景目标和工作目标聚焦团队，而行动目标聚焦团队成员，强调团队管理者如何针对团队成员进行反馈，促进团队成员成长，更好地实现行动目标。

### 一、强调过程而非聚焦结果

 案例 3-7

#### 谁愿意再搭一次积木？

心理学家做了一个这样的实验，找一些小朋友搭积木，当 A 组小朋友完成后，实验人员给出的反馈是："你搭得真棒！"这是一个积极反馈，但是强调的是结果；当 B 组小朋友完成后，实验人员给出的反馈是："我注意到，你刚才在搭积木的过程中，有一个积木的颜色用错了，不过你很快看了一眼图纸，改正了过来，你搭得真棒！"这也是一个积极反馈，但是强调的是过程。

搭积木的工作结束后，实验人员问小朋友是否愿意再搭一次？是哪一组小朋友愿意再来一次呢？没错，是 B 组！

**思考**

两组小朋友都得到了积极正向的反馈，为什么 B 组小朋友更愿意再来一次？

**启示**

强调过程比强调结果更加重要！

---

对 A 组小朋友来说，当实验人员强调的是结果时，小朋友关注的是自己的表现，注重的是结果，如果再来一次不能做好的话，会不会影响他人对自己的评价呢？既然这一次已经给他人留下了很好的印象，为什么要再来一次呢？所以，他们拒绝了实验人员的邀请。B 组小朋友对自己有更强烈的自信，因为他们知道自己是如何做到的，他们关注的是过程，他们相信自己只要掌握技巧和方法，下一次还能取得成功，他们享受这个搭积木的过程！

当团队管理者给团队成员做出反馈的时候，一定要多强调过程，少强调结果。其实强调过程是一件很难的事情，因为这要求团队管理者首先要对过程非常熟悉，自己得是业务能手才能够把握住业务的重点和难点；其次，这要求团队管理者在工作过程中对团队成员进行观察，才能够有的放矢地帮助团队成员更好地工作。所以做到这一点对团队管理者而言是很难的事情。

但是团队管理者需要思考这个问题：当老师帮助学生的时候，老师可以自己上手去帮学生做题吗？老师是不是自己得把每一个题目先想明白，给学生讲明白，学生才能够取得好的成绩呢？团队也是通过团队成员的努力最终取得成功的，不是只靠团队管理者自己取得成功的。所以，管理者有必要把重点问题想清楚，再使用反馈的方式帮助自己的团队成员。笔者常常跟学生说的一句话是：管理者如果不给团队成员反馈，就好像老师在开学的时候跟大家说："这个学期我们学习线性代数"，然后也没有给大家讲解，也不看作业，也不答疑辅导就要求学生参加期末考试，这是老师不称职的表现，同样，当团队管理者只给团队成员提供结果的反馈，缺乏基于过程的反馈，也是不称职的表现。

第三章 • 目标的增长来自于反思与完善

强调过程的好处在于：管理者可以帮助团队成员打开思路，想到多种解决问题的办法，克服困难，比如：是不是可以增加与其他团队成员的讨论，是不是可以多查阅一些资料以解决问题等。如果只强调结果，会带来什么呢？有些团队成员会选择自暴自弃，因为他努力了，也尝试了，但是最终都没有办法得到更好的结果，所以只能选择破罐子破摔；有些团队成员会变得自卑，因为自己确实努力了，现在结果不好，只能说明自己的能力不强，智商太低，自己可能不适合这份工作，所以可能会考虑离职；还有些团队成员会设法进行横向对比，自我安慰，其实周围还是有人比自己差的，甚至管理者也做得不够好嘛！这样就无法真正聚焦于问题，难以取得进步和突破。

### 案例 3-8

### 什么样的人更容易抑郁？

某团队一位看上去积极主动、认真敬业的团队成员突然得了抑郁症，团队管理者百思不得其解，怎么一个好好的人会抑郁了呢？可以看一看心理学家是如何看待这个问题的。

心理学家请一些大学生连续三周每天记录生活中发生的最坏的事情，自己对该事件的感受，以及采取的措施。结果发现，有些学生追求结果：我得做好，我得表现得比其他人更强；有些学生追求过程：我希望通过这件事可以学到一些东西。结果发现，追求结果的人更容易抑郁，而追求过程的人则较少抑郁。此外，追求过程的人还会采取很多措施避免自己出现问题，比如，他们会寻求更多帮助，采取更多措施，使用更多办法去解决生活中的坏事。

**思考**

为什么看重过程的人不容易抑郁？

**启示**

因为过程是可以完善的，行为是可以矫正的，强调过程的人对自己更有信心，认为自己可以取得成绩。

## 二、反馈内容因人而异

**案例 3-9**

### 妈妈的"激将法"

一位老师的教子经验是使用"激将法",大量给出负面反馈,在她的女儿上小学的时候她会说:"像你这样的小孩肯定考不了第一",女儿就憋足劲儿考个第一给妈妈看;等女儿上了中学,妈妈又说:"像你这样的小孩肯定考不上北大",于是女儿又决定考上北大给妈妈看;等女儿如愿进入北大,妈妈又说:"如果你想去美国最知名的大学读研究生,学校招生人员肯定不会要你的",最终,女儿又设法去最好的大学读研。这位老师非常得意地向周围人炫耀自己的教子经验——加强负面反馈!

**思考**

是不是所有的家长都可以使用"激将法"教育自己的孩子?

**启示**

家长在教育孩子的时候要考虑孩子的特点。虽然这位老师将女儿送进了最好的大学,但是她可能没有考虑到这种教育方式带来的长期负面影响——大量的负面反馈会使得女儿不够自信,对自己非常苛责,即使取得成功,也无法享受成功带来的乐趣。

如果团队成员是倔强、不服输、好胜且自信的人,适度的负面反馈有利于激发他的好胜心,让他取得更高的业绩;但是如果团队成员是敏感、关注他人评价且不够自信的人,过多的负面反馈会带给他过大的工作压力,致使他放弃努力。此外,如果团队成员的能力足够满足工作的要求,适度的负面反馈能够促使他努力工作,但是如果能力无法达到工作的要求,还给出大量的负面反馈,那只会让他崩溃。

## 三、关注成长而不是错误

**案例3-10**

### 两种不同的关注方式

有一对年轻的父母养育着一个蹒跚学步的孩子,母亲的养育方式是这样的:(1)把家里所有可能伤害孩子的物品收走;(2)把不能搬走的物品包上边角;(3)给孩子买防滑的鞋子;(4)时刻关注孩子不要摔倒受伤。而父亲的养育方式却截然不同,鼓励孩子四处乱爬,协助孩子爬过楼梯等障碍物。这两种教育方式哪种更加有效呢?

按照经济学的观点,母亲的方式是"防御型"的,目的是最大限度地减少损失,让孩子不要受伤,父亲的方式是"进取型"的,目的是最大化收益,让孩子学习到新的技能。

"进取型"家长会在孩子取得成绩的时候不吝赞扬,在孩子犯错误的时候会摇头叹息,时间长了孩子就知道达到父母的期望就可能得到爱,达不到期望则会使得自己孤立无援,孩子把父母的爱与目标建立联系,未来将进一步内化为这样的思维模式:"取得成功=得到爱"。

"防御型"家长会在孩子做错事的时候惩罚他,在他没有犯错误的时候不惩罚他,孩子会逐渐懂得,只有按照父母的意愿办事,才能得到安全,他的思维模式是:"不犯错=得到爱"。

两种教育方式没有好坏之分,不过,中国的家长更倾向于成为"防御型"家长。因为中国是一个注重集体主义的国家,中国人强调的目标不只是个人目标,而是集体目标,为了达成集体目标,自然要预防损失[21]。

**思考**

团队管理者应该扮演"进取型"还是"防御型"的角色?

**启示**

如果团队管理者希望团队成员不断进取、获得进步,需要扮演"进取型"的角色。

有一次笔者讲课的时候，一位老师提出一个问题。她来自某省的开放大学，开放大学的前身是广播电视大学，在20世纪八九十年代为我国培养了大批人才，随着21世纪的到来，越来越多的学生选择进入全日制高校读书，开放大学的业务不断萎缩，他们必须设法去寻找新的业务，比如开拓新的专业（物流、家政），培养新型的强调动手能力的学生，争取职业资格认证等。他们大学里有很多名校毕业的硕博人才，本来学校期望他们动起来，帮助学校寻找新的业务增长点，开拓新的业务，但是这些高学历的博士硕士宁可拿着少得可怜的工资，也不愿意做出任何尝试。这位老师实在无法理解这些高学历的人为什么要这么做！

使用上面的"防御型"和"进取型"理论就可以很好地解释这个现象。因为大部分的中国家长属于"防御型"的，他们关注孩子在学习的过程中不要犯错误，要成为好孩子，好孩子的主要特征是不犯错误或者不出现问题，因此，很多孩子在成长的过程中心里有这样一个公式："不犯错＝成功"。走到职场后他们也不愿意尝试，因为尝试可以导致他们犯错误，这些高学历的学生更希望得到的是安稳，而不是大胆地尝试。

这些案例对团队管理者的启发是什么呢？因为当团队成员试图进取时，他们会有前进的动力，当团队成员试图避免失败时，他们会有避开失败的渴望。**所以团队管理者要学会在反馈的过程强调未来，而不是过去的错误，强调团队成员在错误中得到了什么，有哪些进步和成长。**

## 四、强调获得或者失去

 案例3-11

### 拼字游戏的故事

研究人员做了一个这样的研究。招来一些大学生做拼字测试，对A组学生说：每一个学生能够得到4美元奖励，但是如果平均成绩超过70%的学生，可以得到5美元，对B组学生说：每一个学生能够得到5美元的奖励，但是如果平均成绩低于70%的学生，只能得到4美元。其实两组学生的结果是一样的，都是低于70%得4美元，高于70%得5美元。

但区别在于，A组强调的是可以额外获得1美元，而B组强调的是可能会失去1美元。

在实验进行到一半的时候，研究人员给了所有人成绩反馈，每个人都知道自己是在70%以上还是以下。然后研究人员问大家是否还有动力继续下面的测试。那些知道自己成绩在70%以上的A组学生动力猛增，B组学生的动力却减少了。那些知道自己成绩在70%以下的A组学生动力下降了，但B组学生却动力猛增。

**思考**

如何解释这个现象呢？

**启示**

成绩高于70%的A组学生是想向更高的目标前进，而B组学生是想保住自己的现有目标，成绩低于70%的A组学生已经保住了自己的现有目标，所以不急于向更高的目标冲击，而B组学生却发现自己无法保住自己5美元的目标，所以会有更强的动力。

---

这一研究结果对团队管理者的启发是，在反馈的时候，团队管理者强调获得还是失去呢？这是一个很难回答的问题，要看团队是打算保住一个现有目标还是打算冲击一个新的目标和高度。**如果团队要进攻新的目标，团队管理者就需要强调获得而非失去。**

## 五、关注行为而非特质

案例3-12

### 家长反馈的艺术

孩子数学考得不好，晚上回到家里心情沮丧，并且不敢与父母对话。其实父母在下午的时候已经通过微信与老师取得了联系，了解了这一情况。父母应该如何对待孩子？

最差的方法是打骂，通常选择打骂孩子的父母都认为孩子不够努力、学习态度有问题，其实有可能孩子真不是态度问题，可能是能力或者方式方法的问题。选择以打骂的方式给孩子提供反馈的家长，其实总体来说是不胜任家长这个工作的，因为他们也不知道该如何让孩子学好数学，只会一味发泄自己的愤怒。

较差的方法是提供泛泛的反馈。家长能够努力克制自己的情绪，但是在反馈的过程中，无法给孩子提供具体的指导，只能简单地说："你看这道题又做错了，你怎么那么粗心"，这种反馈最大的问题是，不仅宽泛，而且指向的是孩子的性格特征——粗心，时间久了，孩子就会给自己贴标签，认为自己就是粗心的人，下一次再考得不好时孩子会想："反正我很粗心，我就是考不好，我也没有办法。"

最好的方法是提供具体的反馈，而且这个反馈要指向于行为，家长可以说："我注意到这次你语文考得不错（先表扬和鼓励），数学成绩比语文相对差点（让孩子自己跟自己比较，不容易自卑），我还注意到你的语文笔记记得不错（肯定成绩），数学笔记好像记得不是很清晰（这样的口气便于讨论），对此你怎么看（给孩子说话的机会）？"

孩子可能会解释自己为什么数学笔记记得不是很好，比如：上课听不懂，老师讲得太快来不及记，大家都不记笔记，自己觉得听懂就行不需要记笔记，等等。针对孩子的解释，家长可以与孩子进行讨论。在讨论的过程中，逐渐让孩子认识到，可能多记笔记有助于提升数学成绩（指向行为），这样孩子就增添了继续学习数学的信心，也知道自己该采取什么样的行为。

**思考**

家长为什么要强调可以改变的行为？

**启示**

如果家长强调的是特质，比如"智商""学习能力"，孩子会自暴自弃，他们会认为自己的能力不如其他人，不是学习的"料"，因此会放弃能力，当家长强调的是行为时，孩子知道自己的行为是可以改善的，会有更强的改善动力。

---

团队管理者在给团队成员提供反馈时，最好给出具体的反馈而不是泛泛而谈，反馈强调可以改变的行为而不是很难改变的特质（如：能力与性格），这些也能够促使团队成员更好地成长。

**行动指南**

1. 愿景目标的动态调整：从抽象到具体再到抽象，要根据团队工作环境的变化进行调整：

（1）抽象的团队目标有效提升团队的精神境界；

（2）具体的管理目标有效提升团队的管理效率。

2. 工作目标的完善：使用 AAR/ 复盘来完善工作目标；

3. 行动目标的完善与团队成员的成长密切联系在一起，给团队成员提出成长性反馈要做到以下事项：

（1）强调过程而非聚焦结果；

（2）反馈内容因人而异；

（3）关注成长而非错误；

（4）强调获得或者失去；

（5）关注行为而非特指。

## 测评

# 团队管理者反馈水平测评

作为团队领导，你会给团队成员正确的反馈吗？思考下面的情境，选择正确的做法。每个题目在选项中选择其中一项，按照成绩计算方法计算四个题目的总分。团队管理者反馈水平参照结果分析与说明。

| | 题 目 | 选 项 |
| --- | --- | --- |
| 1 | 团队成员A找到你，说昨天跟进客户的时候遇到了麻烦，客户不肯下订单，这是一个非常重要的客户，如果该客户不下订单，会影响你们团队本季度的工作绩效，这时候你会： | A. 告诉他，你决定亲自跟进这个客户<br>B. 告诉他，你会派一个有经验的销售代替他跟进这个客户<br>C. 与他讨论遇到的难题，询问他的解决方案后做出决策 |
| 2 | 即将进行本季度的绩效反馈了，团队成员B的绩效不好，按照考核的要求，本次肯定会被打"D"，这是本团队最差的绩效水平，你知道B工作很努力，但是工作能力有限，工作业绩一直不理想，这时候你会： | A. 告诉他考核的结果，并承诺会把他调整到合适的工作岗位<br>B. 让B自己回顾本季度考核取得的成绩和存在的问题，然后给他打出"D"的成绩<br>C. 告诉B考核结果，让他思考自己应该向谁学习，以及怎样努力，才能提升自己的业绩 |
| 3 | 团队成员C是个马大哈，售前解决方案好几次把客户单位的名称都写错了，在客户面前搞得相当尴尬，但是C认为这都是客户小题大做，因此并不愿意做出改善，你决定跟他谈一下，这时候你会： | A. 采取先表扬后批评的方式，先肯定他的成绩，再指出他的马大哈问题<br>B. 直接指出他的马大哈问题，要求他做出改正<br>C. 直接指出他的马大哈问题，并跟他探讨如何进行改正 |
| 4 | 按照公司战略，你所带领的团队需要进军新的业务，现在团队缺乏能够做新业务的成熟人才，只能鼓励现有团队成员摸索着去从事新业务，在摸索的过程中，他们犯了很多错误，也造成其他团队的不满，现在公司领导责成你做出改善，你决定开一次团队会议，这时候你会： | A. 亮明公司的态度和其他团队的不满，要求大家做出改善<br>B. 询问大家在做新业务的过程中遭遇哪些失败，遇到哪些问题，学到哪些东西，以后打算怎么办<br>C. 亮明公司的态度和其他团队的不满，给大家鼓气，让大家继续努力 |

成绩计算的方法：

| 题目一 | | | 题目二 | | | 题目三 | | | 题目四 | | |
|---|---|---|---|---|---|---|---|---|---|---|---|
| A | B | C | A | B | C | A | B | C | A | B | C |
| 0 | 1 | 2 | 0 | 2 | 1 | 1 | 0 | 2 | 0 | 2 | 1 |

【结果分析与说明】

| 6~8分 | 3~5分 | 2分以下 |
|---|---|---|
| 作为团队管理者，你已经掌握了反馈技巧和方法，你能够纯熟地使用反馈，激励团队成员取得更大的进步 | 作为团队管理者，你在一定程度上掌握了反馈技巧和方法，但是你还需要阅读本章第三节，以便更好地使用反馈，激励团队成员 | 作为团队管理者，你缺乏反馈技巧和方法，你无法有效地使用反馈激励团队成员提升绩效，你必须认真阅读本章第三节，才能够胜任团队管理者的工作 |

# 第二部分
# 制度：团队的保障

# 第四章 有制度的团队才不会劳而无功

我们都知道管理的四项基本职能是：计划、组织、领导和控制。在目标明确的前提下，团队管理者将目标分解并分配下去并不难，难的是在目标执行的过程中如何通过组织协调各种资源，领导团队达成目标，并有效地在团队执行目标的过程中提升团队能力。要想让目标的实施更为高效，让团队成员感受到公平并有干劲，让遇到的问题得以稳妥解决，让执行风险降为最小，就需要得到团队制度的有效支撑。

说到制度，管理者大多都希望制度能够管住人，能让团队成员老老实实工作不偷懒，于是诸如工作纪律、工作要求、工作规范等纷纷出炉，可有时候却事与愿违，非但制度落实不好，团队成员还会闹情绪，最后影响的还是团队绩效。那么究竟制度与管理者和团队成员是什么关系？什么制度才能真正起到达成目标的作用？有没有比较通用的制度？高效团队的制度该如何确定呢？本章将尝试给读者一些答案。

第四章 • 有制度的团队才不会劳而无功

# 第一节 制度的作用：制度才是真正的管理者

高效团队建设是一个贯穿整个团队发展时期的多阶段、迭代的复杂过程，需要全部团队成员积极配合团队管理者做出大量有效的工作才能顺利完成[40]，制度是团队达成目标的好帮手，它能够让团队管理者在管理过程中省心省力，还能够提升团队绩效，并帮助团队成员成长，让团队成员感受到不是管理者在管他们，而是制度在管他们。因此，团队管理者在团队的建设和发展过程中要学会选择和制定适合团队的制度，学会运用制度管理团队成员，学会运用制度约束自身，学会运用制度提升团队的绩效，学会运用制度满足团队成员成长的需要。

## 一、制度让管理者省心

团队目标的实现是由团队中的人来达成的，管理者更希望团队整体的作用大于团队中每个人作用之和，让团队技能得以充分发挥，而团队中每个人的工作动机不同，又有着利己、懒惰等阻碍因素，需要管理者加以控制，这都让管理者费心。制度因管理需要而产生，每一项制度的产生都有其内在原因，也因此成为管理者手中的制胜法宝。

 案例 4-1

### 如此操心的团队管理者

一次，笔者在培训企业管理层的时候注意到，一位学员总是出去接听电话，一个上午 3 个小时的学习过程中，他至少出去了 4 趟。课间的时候，他抱歉地说："老师，您讲得很好，但是我工作实在太忙了，这不，我们部门有一个比较大的项目马上要投标了，我得电话遥控指挥。"看着他疲惫不堪的面容，笔者问道："这事儿没你不行吗？必须得你亲自指挥吗？"这句话一下子打开了他的话匣子，他开始滔滔不绝地抱怨："不是我不想放手，实在是没法放手，上个月，我想着让他们来主导一个项目的投标，结果他们竟然因为报价错误被废标了，现在整个部门就我一个人操心，大家都干等着看，没有一个人愿意主动工作的！"

**思考**

为什么该团队落到只有团队管理者自己认真负责的地步？

**启示**

团队落到这个地步，团队管理者需要承担主要责任，因为团队缺乏必要的管理制度。（1）团队管理者没有做好职责分工工作，所有团队成员都等着团队管理者指挥才知道自己该做些什么，做投标的过程中，每一个团队成员扮演怎样的角色，应该扮演哪些角色不清晰；（2）授权不清晰或者缺乏授权，团队管理者事事亲自上手，就是缺乏授权的表现；（3）团队管理者没有做好赋能的工作，由于团队管理者本人责任心过强，事事操心，团队成员没有机会提升自己的能力，只能扮演唯唯诺诺的角色。

---

很多团队管理者在工作中都兢兢业业、勤勤恳恳，但是为什么工作却不如人意，团队的业绩也并不突出呢？答案是这些团队管理者不会调动团队成员的工作积极性。当团队成员出现偷懒或者责任心不强的情况时，团队管理者该如何调动大家的积极性呢？除了第一篇谈到的设计恰当的团队目标以外，建立相关的团队制度也是非常重要的。案例中提到的这位管理者的团队至少缺乏团队的职责分工、授权和团队能力建设等制度，这就是造成他自己忙上加忙，而工作却还是经常出纰漏的原因。

"不以规矩，不能成方圆"，完整、严密、科学的制度不仅能够带动团队实现团队目标，而且用制度管人而不是人管人，让管理者在管理的过程中更为省心，同时也让团队制度成为实现团队目标的重要手段和有力支撑。

## 二、制度让管理者受约

制度不仅能够规范团队成员的行为，也同样对管理者起作用，规范管理者的行为，让管理者避免个人权威，加强自我管理和自我控制，也让管理者的权力得以最恰当地运用。

## 案例 4-2

### "放飞自我"的市场营销部经理

三年前,某咨询团队受邀为某个国有企业做人员评估和人才竞聘上岗的管理咨询项目,所有部门经理全体起立,重新通过竞聘的方式来确定工作的部门和岗位,目的是激发各部门经理的工作积极性。

部门经理竞聘结束后,又进一步通过部门经理与团队成员互选的方式确定各部门的职位与主要工作职责。有些部门的工作进展非常顺利,但是有些部门的工作推进却遇到了巨大的阻力。首当其冲的就是市场营销部。市场营销部的经理是一个粗犷的北方汉子,他说话利索、很讲义气、熟悉业务、善于沟通,是从市场一线拼杀上来的很有实力的一位团队管理者。作为一个熟悉业务、有能力的管理者,他的团队不应该存在互选和确定工作职责的问题,但是现实情况却是——部分团队成员对他的意见很大,认为他在团队工作中只手遮天,只关照跟自己关系不错的团队成员,打击报复不服从自己的团队成员,作为团队管理者不能够"一碗水端平"。因此,在本次团队管理者与团队成员互选的过程中,他有任人唯亲、徇私报复的现象。

由于该团队的互选工作进展非常不顺利,公司管理层不得不介入互选工作中,调研结果发现,市场营销部的经理确实在一定程度上存在"顺我者昌,逆我者亡"的心态,但市场营销部经理却认为:自己只有这样,才有利于团队工作的推进和团队业绩的达成。

**思考**

市场营销部经理的错误认识体现在哪里?

**启示**

管理者没有公平对待所有团队成员。管理者应该事先就互选设定一些规则,并与全体团队成员讨论后公布,鼓励符合条件的团队成员报名参与互选,避免以个人好恶作为选择的标准。

---

在团队管理中,如果团队管理者的管理水平比较高,管理能力比较强,则带出的团队业绩很好,团队成员的满意度也很高,但是有些团队管理者则恰恰相反,就像这位市场营销部经理那样,本人过度自信加之团队又没有相应的管

理制度和规范，团队管理者管理的自由度比较大，缺少制度的约束，团队管理者也开始"放飞自我"，最终导致了团队的失败。

团队目标的制定权、各种制度的设计方案、团队文化的要素等均不是管理者个人能够决定的，因为制度不是为管理者服务的，而是约束团队整体，并为团队目标服务、为团队发展服务的。既能管理团队成员，又能约束管理者的制度才能引领团队达成目标，成为团队真正的管理者。

将管理者的权力制度化，可以对管理者自身起到了很好的约束作用，同时对管理者也能起到保护作用，让其权力发挥最大效用。

## 三、制度有助于提高团队绩效

制度除了对团队的管理者和团队成员有约束作用，还是团队成员提升绩效的法宝。团队成员绩效是团队绩效的来源，与团队要达成的目标息息相关，一个准确、到位且团队成员认同的制度既可以让团队成员在竞争中提升能力，又能让团队具备更强的战斗力，从而提高团队绩效。

### 案例4-3

### 会用制度的卡特教练

电影《卡特教练》塑造的篮球教练卡特，就是通过制度让团队成员成长的典范。

里士满中学是全美排名最差的中学之一，学生谈恋爱、吸毒是常事，能取得中学毕业证书的学生不超过50%，能考上大学的还不到10%，这所学校所在的社区有1/3的人进过监狱，而这所学校的篮球队也是屡战屡败。卡特教练就是在这样恶劣的情况下临危受命来到里士满中学担任篮球教练的。

卡特来到学校篮球队后建立了一项制度，就是要求所有队员跟他签署合同，这份合同中规定了队员必须去上所有的文化课，学习平均成绩必须达到2.3（满分4分）以上，上课必须坐前排，参加比赛上场前必须穿西装打领带，顶撞教练会受到做俯卧撑的惩罚，等等。这项制度对当时的队员及其家长而言无法接受，有的队员因不愿意签署该合同而离队，但是卡特教练认为该制度必须坚决执行！

第四章 • 有制度的团队才不会劳而无功

这项制度激发了队员们积极上进的进取精神，他们相互尊敬，信心满满，在卡特的带领下，里士满中学篮球队员们不仅在篮球比赛中取得了连胜 13 场的好成绩，而且中学毕业时还有 5 位队员考上了大学。

**思考**

为什么卡特教练需要严格制度管理学校篮球队队员？

**启示**

由于该篮球队所在的区域风气和氛围较差，要想让所有队员自觉对自己有很高的要求和严格的自律是不现实的，他们已经习惯于散漫地对待自己的学习和训练，卡特教练只有使用严格的制度，通过外部的约束，才能切实保障他们认真对待自己的学习和训练。

---

卡特教练为里士满中学篮球队建立了严格的制度，正是制度的作用，提升了篮球队队员的上进心，激发了他们的进取精神。这些队员在制度的约束下勤奋努力，队员的学习与训练都有了很大程度的进步，不仅个人的能力得到了发展，有 5 位优秀的队员考上了大学，而且篮球队的整体能力也得到了提升，让这支屡战屡败的篮球队取得了 13 连胜的战绩。

**制度在提高团队绩效中担任着非常重要的角色，适合团队成员和团队发展的制度是团队提高绩效的法宝。**

## 四、制度有利于团队成员的成长

团队成员是团队的财富，但组成团队的每人的能力是参差不齐的，而且每个人都是趋利性的，如果没有制度而任凭每个人自由发展，单打独斗，很可能出现两极化，而且团队也不能形成合力，导致能力强的成员可能会拥有更多的资源，并得到更多的提升晋级等机会，而能力较弱的成员就会越来越失去成长的机会，甚至成为团队的包袱，这就是所谓的"马太效应"。团队制度建立的目的之一就是满足团队成员成长的需要，让团队成员产生努力工作的动机，从而具备成长的动力。

### 案例 4-4

## 海尔的"斜坡球体理论"

为激励团队成员,早期的海尔采用了"斜坡球体理论"作为激励制度的基础。"斜坡球体理论"说的是斜坡上的球,在没有外力的情况下会因重力而顺着斜坡向下滚动,坡度越大滚动的速度就会越快,必须有一个持续的向上止动力,才能保证球停止下滑。在管理学上,球就代表着每一个团队成员,制度就是向上的止动力。

早期的海尔根据"斜坡球体理论"提出的口号是"人人是人才,赛马不相马",即人才要靠自己的努力提升能力,而不是等别人来淘汰,并据此建立了"三工"用人制度,即将高效团队成员、合格团队成员、试用团队成员进行动态转换,让每一个试用团队成员与合格团队成员都有机会成为高效团队成员,而高效团队成员如果不努力也许就成了试用团队成员。

这一理念不仅影响了早期海尔的发展,在互联网时代,海尔还根据这一理念构建了以"阿米巴模式"为基础的最小经营体的组织结构和管理制度,海尔打造创造价值和分享价值的平台,全体员工都可以通过自己的努力在该平台上实现自己的价值。

**思考**

"斜坡球体理论"证明人具有哪些潜在的弱点?

**启示**

"斜坡球体理论"说明部分团队成员存在着"不思进取""得过且过"的思想,这一思想如果在团队内部蔓延,就会造成团队业绩的下滑,团队进步加速度的减慢,团队管理者要采取必要的制度避免该思想在团队中蔓延。

---

这个激励制度使海尔不再有"铁饭碗",也给海尔团队成员搭建了一个平等竞争的平台。海尔总裁张瑞敏告诫大家:"生于忧患,死于安乐。"海尔团队成员也因拥有这样一个制度平台活力倍增。

团队制度让团队成员在制度的约束和竞争中以团队目标为个人目标,从被动工作到主动努力工作,不断激发主观能动性,逐渐提升个人能力,在团队中得到成长。

第四章 • 有制度的团队才不会劳而无功

## 第二节 制度的原则：制度建设有规律可循

有些团队管理者可能会有这样的疑惑：组织会有很多关于业务、流程、人员管理方面的制度，已经很全面了，团队只需要执行组织的制度就可以了，为什么团队还需要建设自己的制度呢？本节将讲述团队制度与组织制度的区别，以及建设团队制度需要遵循的几个原则。

### 一、团队制度有别于组织制度

组织制度服务于组织的战略目标达成，同时组织制度考虑社会规范、观念、法律等多方社会因素，通过清晰的业务流程管理制度帮助组织实现战略目标。组织的制度是偏宏观的，倾向于解决全体团队成员、全体团队存在的共性问题。

组织中的团队各具特色，所以团队除了执行组织制度，还存在很多微观管理问题。例如：团队内部是不是需要沟通，如何进行沟通；团队内部是不是需要团队协作，如何开展团队协作；团队成员的业绩如何进行考核等问题。组织制度并不会对这些细微的问题进行规定，但是在团队中，又需要大量的沟通协作，因此，团队需要建立自己的管理制度。

 案例 4-5

### 没有制度的团队管理是混乱的

某企业高管培训机构有 A、B 两个营销团队，这两个营销团队不仅负责开发客户，沟通客户需求，为客户撰写培训解决方案，还负责培训项目的执行和实施。在培训项目实施的过程中，团队成员需要对课程内容、学习时间与地点，以及相关教师的时间安排进行沟通协调，工作量大，工作复杂度高。

A 团队的管理者能力突出，能够与客户进行良好的沟通，帮助客户设计出最满意的培训方案，但是他对团队成员的要求也很高，而且态度比较苛刻，让团队成员感觉工作压力很大，离职率高。B 团队的管理者则恰好相反，她性格温和，工作积极主动，很多工作都压在自己身上，尤其是写解决方案这种需要既动脑又动手的事情，基本都是她自己在承担，她感到自己很累，但是又不太好意思给大家提要求，因为部分团队成员已经在这里工作长达 10 年，资历比她还老。

**思考**

为什么 A、B 两个团队的管理者都存在较为明显的管理问题？后续他们应该采取哪些管理措施提升团队效率？

**启示**

A 团队的管理者过于苛责造成团队成员离职率高，如果采取一些团队管理的制度，明确对团队成员的要求，一方面可以使得团队成员清楚地知道工作的标准，另一方面也可以避免团队管理者的过高要求给团队成员带来压力。同样，B 团队管理者也需要建立团队管理制度，明确团队成员的职责分工、工作任务。

团队制度有别于组织制度，组织制度偏宏观，团队制度偏微观，团队制度要着重解决组织制度涉及不到的团队管理问题，成为团队管理的助力，提升团队的工作绩效。

## 二、团队制度要服务于团队目标的达成

任何制度的建设都会增加管理成本，团队制度也不例外，因此团队制度的建设要紧紧围绕团队目标的达成。

**案例 4-6**

### 团队需要打卡制度吗？

打卡可以规范团队成员上下班的时间，使得团队成员的工作步调一致，沟通也比较顺畅。但是打卡制度也存在很大的劣势。首先，打卡制度会给团队成员工作的灵活性带来不便，有些团队成员喜欢在夜里工作，属于"猫头鹰"型的，有些团队成员则在早上最清醒，属于"百灵鸟"型的，打卡制度过于要求步调一致的工作时间，可能造成团队成员的工作效率下降；其次，有些团队的工作性质需要经常性外出见客户等，打卡制度就会限制团队成员灵活调整与客户进行有效沟通的时间。

**思考**

当团队建设制度时，团队管理者需要思考哪些问题？

第四章 • 有制度的团队才不会劳而无功

**启示**

管理制度是有成本的，所有的管理制度必须服务于目标的达成，如果管理制度成为目标的阻碍，一定是冗余的制度。

如果某项制度对团队目标的达成起阻碍作用，该制度不仅不能提升团队绩效，还会增加团队管理成本。**团队需要建设哪些制度要依据团队的工作性质以及团队的工作现状，重点是考虑制度的制定是否有利于团队目标的达成。**既然是要用制度管人，管理者总是担心制度不完整或不严格，那么是否制度制定得越多越细才越能起到管人的作用呢？

 案例 4-7

## 多层管理的外事服务团队

"一带一路"倡议实施后，某工程建设企业开始从事海外投资建设项目，并成立了外事服务团队，有30余位团队成员。该团队的主要工作职责是外事接待、会议服务和餐饮服务等。团队管理者为了做好分工职责，将外事接待、会议服务和餐饮服务分为三个大组，设大组长各一名。外事接待又划分为对内接待和对外接待，对内接待主要关注该企业内部团队成员出国前的各项准备工作，对外接待则将工作重点放在接待企业的海外客户，各设组长一名。为便于管理，对内接待又进一步细分为护照组和签证组，分别由小组长进行管理。外事服务团队最终的组织结构是这样的：

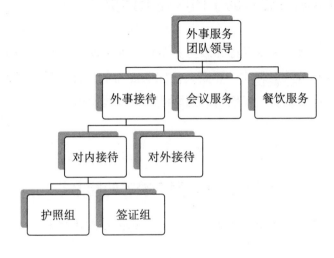

**思考**

外事服务团队管理者制度设计的思路是否正确?

**启示**

这个制度设计的思路不正确。30余人的团队却形成了四级管理模式,与目前大的管理环境提出的"扁平化管理"、授权、赋能的思路完全相反,增加了管理成本,降低了管理效率,还使得团队成员的能力无法得到有效提升。

---

这位外事服务团队管理者的初衷是好的,希望通过明确的职责分工调动团队成员的工作积极性,但是对内接待的护照组和签证组的团队成员是不是可以复用?一共30余位团队成员,却要进行四级管理,团队成员向小组长汇报工作,小组长汇报给组长,组长又汇报给大组长,大组长才有权力汇报给外事服务团队的管理者,这样做的必要性有多大?四级管理会不会增加团队沟通的成本?如果团队成员想直接向团队管理者反映情况是不是绝对不可以?团队成员的工作划分过于细致,对团队成员的能力提升是否有效?显然该外事服务团队的分工制度过于冗余。

管理制度的冗余不仅增加管理成本,也增加沟通成本,还会给团队成员带来挫败感,给团队管理带来负担,甚至影响团队的创新思维。因此,**与其制定包罗万象的制度,不如在制度服务于工作目标上多花点气力,让制度真正对目标起作用**。

## 三、团队制度要有助于团队能力的提升

能力是团队获得稀缺资源并维持竞争优势的关键[41]。团队制度制定不仅要看重团队目标和绩效的达成,还要关注团队能力的提升,只有能力不断成长并能适应更高目标的团队,才能确保团队绩效的持续输出。

**案例 4-8**

### 业绩的压力源于较差的能力

一家培训机构主要服务于金融业客户,服务难度比较大。第一,金融业有

自己独特的行业特点；第二，金融业大部分企业都接触过管理培训，特别是很多管理层都接受过各种各样的管理培训，因此对管理培训的要求极高；第三，作为服务行业，金融业本身就有极高的服务标准。因此，该培训机构的团队成员工作压力很大。

团队管理者认为造成问题的原因是团队成员能力不足，写出来的方案无法满足客户的需求。但是，团队管理者应该思考这样几个问题：（1）金融行业的客户有没有一些共同的要求？（2）团队有没有形成一些方案模板？（3）好的方案有没有提供给团队成员共同学习和传阅过？

**思考**

只要团队业绩不好，就是团队成员能力不足造成的吗？

**启示**

认为团队业绩不好是团队成员能力不足造成的，这是很多团队管理者的借口，由于他们不能很好地通过制度帮助团队成员提升能力，因此只好把问题归咎于团队成员，实际上，只需要建设能力发展制度，问题就能够得到轻松解决。

---

该案例反映的问题在团队管理中非常普遍，很多团队管理者在管理的过程中不注重团队能力的培养，当团队目标提高时，团队成员无法持续输出高质量的工作，最终导致团队工作失败。**在团队管理中，建立知识库管理、经验案例分享等制度都可以有效地帮助团队提升工作能力，而团队工作能力的提升又会进一步服务于团队绩效的提升。**

## 四、制度应对团队文化起正向引导作用

只要制度有激励作用就会有竞争，竞争不仅能让个人得到发展，也能让团队成长。然而有竞争也容易产生矛盾，看似公平的制度在每个需求不同的人眼中就变得不公平，那么在设计制度时是否也要考虑团队文化氛围的需求呢？

案例4-9

## 三个和尚没水喝

一天,一个矮和尚来到庙中,看到庙中缺水,便从山下一趟趟地挑水上山,将水缸装满水,还给观音像手上的净瓶装好水,并且浇了庙门前的柳树;第二天庙里又来了一个胖和尚,矮和尚热情招待他喝水,很快水缸中的水就喝完了,两个和尚商量着一起下山抬水。但是抬水上山时水桶总是往下滑,走在后面的和尚非常吃力,觉得很吃亏,所以两个和尚想了个办法,在扁担中间划了线,两个人轮换着走在后面,总算是公平地将水抬上了山。谁知山上又来了个瘦和尚,开始大家还相互谦让着喝水,可是等水喝完了,谁都不想下山去挑水,相互推诿,总觉得自己挑的水多却喝的水少,导致"一个和尚挑水喝,两个和尚担水喝,三个和尚没水喝"。

后来怎么样了呢?故事中说一场大火袭来,三个和尚顾不得其他,争先恐后地飞奔到山下打水,全力扑灭了大火,保住了寺庙。这次事故,让三个和尚看到了团结合作的重要性,制定了挑水的制度,三人握手言和,重拾了团队精神。后来三个和尚还制作了水车,不用再下山去挑水了,省了力气,还提高了工作效率。

**思考**

三个和尚团队为何人多了可团队担水工作的绩效却下降了呢?并且还影响了团队的团结?

**启示**

这三个和尚组成的团队因为当初缺乏管理制度,责任不清,奖惩不明,造成三人相互推诿,丧失了合作精神。后来团队认识到了管理制度的必要性,制定了挑水的制度,不仅挑水的工作有了保障,而且还进行了改革,挑水工作的绩效大大提升了。故事揭示了制度使"三个和尚"这个团队形成了良好的合作氛围,对团队文化有着正向的影响力,从而提升了团队工作绩效。

---

合作与竞争都是团队文化的范畴。合作的目的:一是发挥团队成员各自的长处,从而达到团队能力最大化;二是团队成员在合作中可以相互学习与借鉴,提升个人能力。竞争的目的则是让团队成员发挥主观能动性,以此提升团队的工作效率。竞争与合作并非相抵,只有在合作的平台上竞争才是良性竞争,不

能让制度变成"鹬蚌相争,渔翁得利"的港湾。制度制定要匹配好合作与竞争的关系,甚至要量身定制,要纪律也要人性,让团队成员通过合作后的竞争获利,并在制度约束下形成良性竞争,实现团队目标,打造高效团队。

**团队制度对团队文化有导向作用,有什么样的制度,必然就有为适应制度而存在的文化,友好、合作、争优的制度有利于团队文化和谐氛围的自然形成,让团队成员在环境中愉快地工作,自觉地适应并遵守制度。**

## 第三节 制度的类型:重绩效也重能力

团队制度可以是多项制度的集合,一般来讲,团队都是在组织框架下设置的,团队制度并不需要面面俱到,团队管理者可以在组织制度的规范下,从团队性质出发设定适合自己团队的制度。根据第二节团队制度制定的原则,团队的制度主要需要覆盖团队绩效达成和团队能力提升两个方面(见图4-1)。

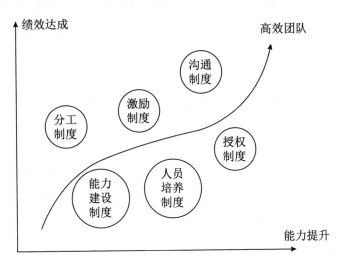

图4-1 团队相关制度

### 一、绩效达成制度保障目标的实现

团队存在的主要目标是完成工作任务,达成工作业绩,因此,团队管理者在设计团队制度时，首先需要考虑哪些制度有助于目标达成，一般来说，有助于团队目标达成的制度主要包括三个：分工制度、激励制度和授权制度。

## （一）分工制度

**案例4-10**

### 西天取经团队成员各司其职

《西游记》是中国人耳熟能详的故事，在这个故事中，去西天取经的唐僧有三个徒弟：孙悟空、猪八戒和沙和尚。三个徒弟分别扮演不同的角色，孙悟空武艺高强、交友广泛，一个跟头能翻十万八千里，在团队中主要扮演降妖除魔的角色；猪八戒虽然好吃懒做外加好色，但是沟通能力强，对人际冲突不敏感，扮演了润滑剂的角色；沙和尚降妖除魔的能力有限，但是胜在勤勤恳恳、任劳任怨，在团队内部扮演了实干家的角色。

**思考**

既然孙悟空武艺高强，能够降妖除魔，西天取经队能不能使用三个孙悟空去取经？

**启示**

团队每位成员作用不同。如果三个孙悟空去取经可能会有很大的内耗，因为三个孙悟空要想扮演降妖除魔的角色，团队里谁进行沟通？谁又承担脏活苦活累活儿呢？一个好的团队需要分工协作，各司其职。

分工协作是团队存在的真谛，团队要想发挥"1+1≥2"的作用，就要做好分工协作工作。团队管理中要做到"事事有人管，人人都管事"，明确的分工与协作才能促使团队发挥最大的作用。团队如何让分工协作制度真正有效，将在下一章进行详细阐述。

## （二）激励制度

团队目标的实现是有一定时间限制的，在规定的时间内实现目标才有意义，否则就算过程做得再完美，也无法达成目标。当今，调动团队中每个团队成员工作积极性的激励制度被广泛应用，并在团队管理中发挥着越来越重要的作用。

> **案例 4-11**

## 离职的小新

小新最近离职了,离职的原因是他无法很好地胜任代理小组长的工作。小新在一个营销团队工作,2021年公司给该营销团队定的销售目标是在2020年基础上增长50%,这让营销团队的管理者面临很大的工作压力。管理者找到小新,希望他能够带领一个营销小组开展工作,提升销售业绩。

为了做好工作,小新给管理者提出了一些建议,其中包括:当销售目标超额完成时,能否给营销人员更多的销售奖励,以及能否给新的销售人员配导师来帮助他们提升工作能力。没想到,当小新谈自己想法的时候,管理者却顾左右而言他,声称这些都需要公司层面的管理者进行决策,他希望小新尽快开展自己的工作。

小新很无奈地接了这个活儿,但是小组内部的销售人员却不认账,他们觉得小新没有拿到任何资源帮助大家解决问题,而且还是一个代理小组长,未来能不能转正还是未知的事情,因此,小新的话基本没有人听。小组的工作业绩可想而知。三个月后,小新无法忍受工作压力,决定离职。

**思考**

为什么最初积极肯干、敢于担当的小新辞职了?

**启示**

作为团队小组负责人的小新,没有任何可以激励团队成员的手段和方法。

既然团队激励制度是围绕工作积极性设立的,那么团队激励制度的内容必然离不开团队成员的动机,只有建立在团体成员工作动机基础上的激励制度,才能发挥制度的优势、提高团队成员的工作效能、提升团队的核心竞争力。上述案例中,团队管理者没有给团队成员任何激励,却要求大家做出工作业绩,以致小新无法达成工作目标,最终选择了离职。

### (三)沟通制度

团队成员在工作中不可避免会遇到大大小小的各种问题,有业务问题,也有人际关系问题,这些问题无法纳入工作指标,却可能让工作效率打折扣,以致影响团队目标的达成。为了让这些问题不影响团队整体工作进展和工作效率，也为了让团队成员在工作中拥有一个团结一心、和睦相处的工作氛围，形成团队合力，就必须有一套科学的解决问题策略，团队沟通制度就是解决这些问题的良方。

### 案例4-12

## 出现医疗事故该怨谁？

医院每个科室都是由医生和护士共同组成的服务于病人的团队。一般来说，医生的地位显著高于护士，所以护士对医生的安排是没有发言权的，只能按照医生的要求去做。

在某医院，一次手术后，医生把医疗纱布滞留在了病人体内。在对这一事件反思和复盘的过程中，一位护士提到，在手术后检查医疗器械的过程中，她发现短缺了一块儿纱布，但是她不敢吱声，因为这位医生的脾气比较大，性子很急，如果她说短缺了纱布，可能会被医生训斥。另外，常常被这些医生呵斥，护士们的心里也有很大的怨气，她们也不愿意主动与医生进行沟通，有一种"事不关己高高挂起"的心态。在护士心目中，他们是他们，我们是我们，各干各的事儿。护士认为自己与医生不是一个团队的成员。

**思考**

为什么护士和医生没有把彼此看作一个团队？

**启示**

由于某医院的医生与护士的地位不平等，医生高高在上，缺乏与护士的有效沟通，造成护士有较强烈的受挫感，护士不认为自己与医生在同一个团队工作，因此造成了工作效率低下，甚至医疗事故的频繁出现的现象。

由于团队是由多个成员组成的，加强内部沟通，形成制度化的沟通，才能提高工作效率。**分工制度、激励制度和沟通制度都与团队绩效密切相关，是高效团队中最基本的、最重要的必备制度，是团队达成目标、实现高效的重要支撑。**

# 第四章 • 有制度的团队才不会劳而无功

## 二、能力提升制度确保团队的发展

团队要想有效地完成工作任务并达成团队目标，必须具备相应的团队能力，因此，团队管理者在设计团队制度时还需要考虑哪些制度有助于提升团队能力，并进一步作用于目标的达成。一般来说，有助于团队能力提升的制度主要包括三个：能力建设制度、人员培养制度和沟通制度。

### （一）能力建设制度

**案例4-13**

#### L 总的解决矛盾之道

L总在公司带领售前技术支持团队撰写技术方案，技术支持团队的工作压力很大，首先，他们不断面临来自客户的挑战，每一个客户都会提出很多个性化的要求需要他们呈现；其次，他们为了给客户写出最贴合的方案，需要不断熟悉公司的新技术和新业务。

售前技术团队对团队成员的能力素质要求很高，但无奈的是，由于公司成立的时间比较短，没有更多能力聘请高素质人才，L总只能从大学生中招聘，或者从社会招聘学历较低、有一定工作经验的人。L总如何解决人才供需之间的矛盾，做好技术支持工作呢？

（1）通过讨论来解决技术难题。每周五都由一个技术小组来讲述本周遇到的技术问题和解决方案，其他技术小组负责提问或者贡献自己的意见。

（2）建设知识库。每个小组定期上传自己所做的案例或者方案，运用关键词检索，每一个团队成员都可以在知识库里检索需要的信息和案例。

通过这两种方式，L总的团队不仅成员能力得到锻炼，而且也得到了客户和营销人员的认可。

**思考**

在人员能力明显不足的情况下，L总是如何做好团队工作？

**启示**

L总做好了能力建设制度。

团队要想很好地完成工作，必须加强自身能力建设，L总能够通过头脑风暴、案例讨论、知识库建设等方式解决团队能力发展的问题，不仅有助于团队成员能力的提升，也有助于团队长期可持续发展。

## （二）人员培养制度

团队成员来自四面八方，工作技能、工作态度、个人目标均有差异，为了达到团队目标要求，需要统一团队成员的价值观，提升团队成员的工作效率，规范团队成员的工作态度，增强团队成员的沟通能力，团队人员培养制度必不可少。首先，建立团队人员培养制度会让团队成员放低自己的个人目标，愿意为团队目标而努力工作，继而将个人目标与团队目标相统一。其次，建立团队人员培养制度还会通过人员培养切实提升团队成员的工作技能，让团队成员有获得感，提高团队的工作效率。最后，建立团队人员培养制度可以让团队成员在遇到问题和困难时掌握明确的解决途径，营造良好的工作氛围。

案例4-14

### 事业有成的小吴

小吴现在是某在线培训企业的大区销售总监，事业有成，能力突出。回忆起她职业生涯的早期，也经历了很多的坎坷。小吴工作的第一家公司，团队管理者把她当成了打杂的，每天打水、扫地、打印复印、装订文件、买飞机火车票……所有的杂事都由她负责，虽然她勤恳能干，但是能力却得不到提升，无奈，两年后选择离职。

到了新的企业后，按照团队的人员培养制度，团队管理者先给小吴找了个师傅带她做营销，师傅带小吴拜访了两个重要客户，又给小吴讲了一些注意事项后，就让小吴独立开展工作。最初客户并不买小吴的账，三个月的销售业绩基本为零，团队管理者注意到小吴工作勤奋努力，只是方法不够得当，就很耐心地找她谈话，还给她指导业务。当小吴拿下第一单的时候，内心充满了喜悦，以后的小吴接连开发数个新客户，业绩不断上涨。团队管理者索性将她指派为区域负责人，带团队、拿业绩，小吴从此干得风生水起。

**思考**

同样是培训公司,为什么第一家企业留不住小吴?

**启示**

团队成员的业绩不好,不一定是能力问题,很有可能是缺乏必要的培养机制。案例中的小吴明显是一个适合做营销工作的优秀人才,但第一位团队管理者的管理格局较小,也缺乏培养人的制度和方法,造成了小吴的离职。第二位团队管理者不仅有制度、有方法,而且有耐心,所以小吴才有机会成长起来。

---

有了人员培养制度后,案例中的小吴逐渐摆脱了打杂的工作,成为企业发展的中坚力量。好的人员培养制度可以帮团队留住人才、发展团队能力、提升团队绩效。

### (三)授权制度

授权,本质上是组织与团队、团队管理者与成员个体之间决策权力和职责下放的过程。在团队和成员个体能力增强的同时,其决策权和职责也随之扩大,而要确保这一切顺利地进行,团队必须建立授权制度。

案例4-15

## 让班长手中拥有权力

军队是走在变革最前面的团队,也是最讲绩效的团队。在某次战争中就有一个三人组成的战斗团队,他们一个是信息专家、一个是爆破专家,还有一个是保护这两人的。他们是战争的主体,也是战争胜败的决定者,就是"班长的战争"。华为公司的任正非认为企业应该向军队学习,"未来的战争是班长之间的战争",于是他将组织划分为许多的"小班",把权力下放给班长,让离"战火"最近的班长手中拥有权力,使他们自觉工作,快速应对竞争市场的变化。

任正非曾表示,经过20多年的发展,华为已经从过去中央集权变阵,未来将通过现代化的小单位作战部队在前方发现战略机会,迅速向后方请求强大火力,用现代化手段实施精准打击。

**思考**

什么是"班长之间的战争"?

**启示**

授权给团队的管理者——班长,充分发挥班长的能力,让小团队在一线发挥主导作用,让清楚市场形势的人决策,提高组织的反应速度,快速抓住机会,取得最高绩效。因此团队绩效的高低也必然是班长间的能力竞争。

---

从集权到授权是团队发展与进步的表现,是团队向高效团队迈进的过程。

**能力建设制度、人员培养制度和授权制度与团队成员及团队发展紧密相关,团队管理者要充分运用这些制度,保障团队能力提升制度的合理建立,满足团队高效运行和发展。**

行动指南

**1. 团队管理者要学会用制度进行团队管理。**
（1）用制度管人而不是人管人，让管理者在管理的过程中更为省心；
（2）将管理者的权力制度化，可以对管理者自身起到很好的约束作用；
（3）适合团队成员和团队发展的制度是团队提高绩效的法宝；
（4）团队成员在制度的约束和竞争中得到成长。

**2. 团队制度与组织制度有别，建设团队制度需要遵循相关原则。**
（1）制度要着重解决组织制度涉及不到的团队管理问题；
（2）让制度服务于目标达成，真正对目标起作用；
（3）制度要有效地帮助团队提升工作能力；
（4）团队制度对团队文化有导向作用。

**3. 团队的制度需要注重团队绩效达成和团队能力提升两个方面。**
（1）有助于团队目标达成的制度主要包括分工制度、激励制度和沟通制度；
（2）有助于团队能力提升的制度主要包括能力建设制度、人员培养制度和授权制度。

测 评

## 团队制度规划健康度测评

以下是对团队制度规划健康度的测评，1= 非常不同意，5= 非常同意。制度的规划原则、绩效达成、能力提升三个维度可以分别计算平均分，平均分越接近 5 分，说明该维度健康度越高。如果平均分低于 3 分，则说明你需要花费时间和精力对该维度进行认真思考和设计，提升该维度的制度规划水平。

请根据你所带领团队制度规划的实际情况，对下面题目进行评估。

| 维度 | 测评题目 | 非常不同意 | 不同意 | 中立 | 同意 | 非常同意 |
|---|---|---|---|---|---|---|
| 规划原则 | 团队制度有别于组织制度，必须能解决组织制度涉及不到的团队管理中的具体问题 | 1 | 2 | 3 | 4 | 5 |
| | 团队制定制度的目的是为团队工作目标服务 | 1 | 2 | 3 | 4 | 5 |
| | 团队制度规划中考虑到团队和团队成员工作能力和工作绩效的提升 | 1 | 2 | 3 | 4 | 5 |
| | 团队制度规划中考虑到对团队文化的促进作用 | 1 | 2 | 3 | 4 | 5 |
| | 该项平均分 | | | | | |
| 绩效达成 | 团队制度明确职责分工，激励机制完备，沟通渠道丰富 | 1 | 2 | 3 | 4 | 5 |
| | 团队制度具备"事事有人管，人人都管事"的特征，责任分工明确 | 1 | 2 | 3 | 4 | 5 |
| | 团队制度能很好地提高团队成员的工作效能，提升团队的核心竞争力 | 1 | 2 | 3 | 4 | 5 |
| | 团队制度有助于团队成员之间相互学习，解决实际问题 | 1 | 2 | 3 | 4 | 5 |
| | 该项平均分 | | | | | |
| 能力提升 | 团队制度能培养并提升团队成员的能力 | 1 | 2 | 3 | 4 | 5 |
| | 团队制度能满足团队能力发展的需要 | 1 | 2 | 3 | 4 | 5 |
| | 团队成员在遇到问题和困难时有非常明确的解决途径 | 1 | 2 | 3 | 4 | 5 |
| | 个体能力强的团队成员其决策权和职责也更大 | 1 | 2 | 3 | 4 | 5 |
| | 该项平均分 | | | | | |

## 【结果分析与说明】

| | 4～5分 | 3～4分 | 3分以下 |
|---|---|---|---|
| 规划原则 | 团队制度规划能充分考虑到团队管理的具体问题，真正对团队目标达成起到很大作用 | 团队制度规划能比较充分地考虑到团队管理的具体问题，对团队目标达成有一定作用 | 团队制度规划没能考虑到团队管理的具体问题，对团队目标达成没有太大作用 |
| 绩效达成 | 团队制度能够明确职责分工，能对团队成员的工作产生有效的激励作用，对提升团队绩效作用非常大 | 团队制度有比较明确的职责分工，对团队成员的工作产生一定的激励作用，对提升团队绩效有帮助 | 团队制度职责分工不清晰，对团队成员的工作没有多大的激励作用，不能提升团队绩效 |
| 能力提升 | 团队制度能够满足团队和团队成员能力发展的需要，为团队成员提供明确的解决问题的途径，对成员的授权明晰 | 团队制度能促进团队和团队成员能力的发展，为团队成员提供一定的解决问题的途径，对部分成员有一定的授权 | 团队制度不能促进团队和团队成员能力的发展，不能为团队成员提供解决问题的途径，管理者集权管理 |
| 规划健康度 | 团队制度规划健康度较高 | 团队制度规划健康度一般 | 团队制度规划健康度较低 |

## 第五章 缺乏执行的制度是一纸空谈

没有制度就没有执行,而好的制度一定是可以被执行的制度。高效的团队制度要靠执行力展示其作用,团队成员在制度的管理下成就自己,壮大团队,只有拥有这样的制度,才能让团队管理者"轻轻松松"地做管理者。要想让制度得到有效执行,团队管理者需要认真思考每一项制度要达到怎样的目的,如何设计和规划才能更好地执行。本章将回答如何设计制度才能更好地执行。

### 🏆 第一节 好的制度容易被执行

好的制度一定是团队成员愿意执行的制度。那么团队怎样才能提高制度的执行力呢?这里有没有什么奥秘?答案隐藏在这三个密码中:公平、可行、认同。

## 一、好的制度看重公平性

公平是制度被认同的前提，更是制度执行力的前提，没有公平的制度就不存在公平的执行。在教育领域，入学机制的公平是社会和家庭最为关注的，因为这是民生，而在团队中，公平一样是团队成员最为关注的，因为这关系到个人发展。

### 案例 5-1

### 奖惩分明的唐僧

西游记中的唐僧是一位优秀的管理人才，他虽然不能分辨人与妖，但他在对几位徒弟的管理中永远都是奖惩分明、公平无私的。

当孙悟空降妖除魔时，唐僧给他做衣服；当唐僧认为孙悟空乱杀无辜时，唐僧念紧箍咒惩罚他。在取经的路上，唐僧从始至终保持着公平对待每一位徒弟的态度，这使得唐僧师徒四人的团队最终完成西天取经的团队目标，也让几位徒弟得到了发展。

**思考**

为什么三位徒弟愿意听命于"人妖不分"唐僧？

**启示**

（1）愿景：每一位去西天的徒弟都是去赎罪的，只有到了西天才能成佛；（2）唐僧的个人魅力：仁慈、善良；（3）公平的制度。

---

有的团队管理者希望自己在感情上赢得团队成员的认同，所以在团队成员触犯制度时也希望大事化小，小事化了。在读《西游记》时人们常常认为唐僧是一个人妖不辩、是非不分的人，但想象一下，如果唐僧在西天取经的路上不惩罚孙悟空，那么八戒与沙僧如果犯了错是否也可以不被惩罚呢？如果谁犯了错都不被惩罚，别说西天取经了，这个团队就连西天都走不到吧。

制度可能会有缺憾，因此，公平执行是团队执行制度的护身符。要做到制度执行公平还需要做好了下几点：

**第一，需要明确团队制度的价值取向**。有些团队关注公平，有些团队关注创新，有些团队喜欢通过"丛林法则"激发团队成员的斗志。公平没有标准答案，公平不是平均主义，公平是多劳多得。但是"多"多少是合适的呢？有些团队注重相同岗位的薪酬差距不应该太大，但是在谷歌和微软等高科技企业，相同职位的员工薪酬差距可能上百倍，做出的贡献也存在较大的差距。因此，如果团队内部需要大量的团队协作，不需要突出某些英雄的力量，团队制度关注的公平是相同岗位的团队成员收入差距不应太大，上下级的收入差距不应太大；但是，如果团队内部需要不断创新，需要"明星式"的团队成员，则拉开薪酬差距也是公平的一种体现。

**第二，团队制度需要有透明度**。团队制度制定时不太可能让团队成员人人参与，但是如果团队成员连遵守什么制度、怎样遵守制度都不明白或不完全明白，也将导致团队制度在公平执行中流产。为确保制度执行的公平性就要在制度制定后通过培训、沟通等方式提高制度的透明度，让团队成员清晰地了解每一项制度制定的原因和执行办法，做到"自扫门前雪"，才能使制度落地而不是流于空谈。

**第三，团队制度要落实到每个团队成员**。每一项制度都要严格落实，这并非小题大做，在西游记中团队的管理者唐僧就是在严格执行制度的过程中将公平放在首位，才让制度的执行力落到了每个人身上。在"鸟巢"建设过程中，只有两根梁是一样的，其他所有的梁都各不相同，焊接难度非常大，正是这个团队中的每个焊接工严格执行了焊接操作规范，不允许出现一丝偏差，才让整体结构符合建设要求，圆满完成了建设任务。

**第四，所有团队成员均需严格遵守团队制度**。不为任何一个人打破制度才能让制度公平执行，不然就如同"破窗效应"那样，只要有一个违反制度而不被惩罚的人，就会出现第二个违反制度的人，继而出现第三个、第四个……制度的执行就成为虚无。只有当每一个"破窗"的人都接受惩罚才能让制度执行更公平。

对制度来讲，公平便可遵守，遵守便可有效执行，公平是制度执行水平的标志。

## 二、好的制度具有高度的可行性

在制定制度时需要考虑到制度条款是否可执行，不能确定的因素不适合先落在制度上。当然也可能有些条款在制度建设的初期是有必要的，但随着团队工作的进展就不一定符合实际需要，如果再以公平为说辞强行执行，必然引发成员的意见和不良情绪，制度便会束缚团队的发展。管理者需要在制度执行中及时发现问题，提出解决措施，让制度真正具备可执行的条件。

案例 5-2

### 好的制度提升执行效率

18世纪末英国政府将罪犯从英国发配到澳大利亚，运送犯人的船都是私人承包的。由于政府是按送到船上的犯人数支付船主费用的，船主们为了牟取暴利不仅使用设备简陋的破旧货船，而且船上也没有随船医生，药品也不足，有的甚至断水断食，死亡率高达37%。

英国政府采取过许多措施，比如要求船的条件、安排随行医生、派出监督官员等，但这些只是增加了政府的开支，派出的人往往都被贿赂或被扔到海里，死亡率仍然没有降低。英国政府又想通过教育培训让船主为英国大计着想，但效果仍不佳。

有一位议员指出了改变制度的方法，不再按送到船上的犯人数支付船主费用，而是根据实际到达澳洲的犯人数来支付费用。这个办法出台后，死亡率竟然降低到了1%！

**思考**

为什么只有最后一个制度才起到真正的作用？

**启示**

这个故事说明了制度本身的制定出发点可能不存在问题，但是在制定的过程中没有很好地考虑它的可行性，直到最后一个根据实际到达澳洲的犯人数来支付费用的制度才取得了效果，这个制度使得英国发配罪犯到澳洲的事情具备有效执行的可能。

可行性是制度优劣的标志，具有高度可行性的制度才是好的制度，才能对工作绩效发挥应有的作用。

## 三、好的制度要得到团队成员的认同

制度是因管人而生，但不是管人如器，而是要管人如人，同时制度是要人去执行的，如果制度得不到团队成员的认可，会造成执行成本过大，执行效果不良的情况，所以只有让团队成员认同的制度才能做到管人又管心。

**案例5-3**

### 所谓的"合理化建议"

为了激励创新，某项目团队管理者要求团队成员提出"合理化建议"，考核指标是每人每周提出至少两条合理化建议，可以与自己的工作高度相关，也可以与自己岗位上下游的其他岗位相关，或者与团队工作相关，周五下午团队秘书汇总后提交给团队管理者。

起初，大家提建议的热情还是比较高涨的，但是渐渐地，大家提的建议越来越少，而且质量越来越差。这是为什么呢？原来，在该制度执行的过程中，团队成员逐渐发现，提出的与自己岗位相关的合理化建议最终都需要自己去执行，这无形中增加了自己的工作量，且很难看到工作成效。提出的与其他团队成员岗位相关的合理化建议，会被对方视为一种"敌意"，会影响彼此之间的协作关系。

最终，"合理化建议"的制度无法得到执行，只好不了了之。

**思考**

为什么"合理化建议"制度不了了之？

**启示**

因为"合理化建议"制度增加了团队成员的工作量，造成团队内部协作关系变差，没有给团队带来任何益处，没有得到团队成员的认同。

---

任何制度的执行都需要得到团队全体成员的认同，在执行的过程中让团队

第五章 • 缺乏执行的制度是一纸空谈

成员有归属感和安全感的制度才能得到团队成员的认同，也才会是好的制度。如果一个制度增加了团队成员的工作量，且降低了团队成员的工作效率，团队成员没有得到任何的实际利益，那么这个团队制度就很难坚持下去。

**人是制度执行的关键因素，团队成员对制度的认同与否直接影响制度的执行力。**

## 第二节　绩效达成制度要为团队目标保驾护航

第四章中提到，要想切实提升工作绩效，达成工作目标，团队必须建设以下三个制度：分工制度、激励制度和沟通制度。由于不同的团队都各有自己的特点，因此很难说在建设制度的过程中都需要哪些内容，但是本节会讨论建设这三个制度过程中的注意事项以及构建制度的一些原则，帮助团队管理者更好地构建相关的制度，并确保其有效执行和实施。

### 一、分工制度：关注工作流程和成员期望

团队中包括管理者在内的每位成员该负责什么，不该负责什么，以及运行规范都应该提前规定明确，权责清晰，每个团队成员都必须按照规定履行自己的职责。

 案例 5-4

#### 艾森豪威尔指挥官

艾森豪威尔是第二次世界大战中著名的盟军指挥官，手下有百万大军。在诺曼底登陆前的一天，他在英国打高尔夫球，新闻记者采访他时问道："前线战势紧急，您怎么还有心情在这里打球呢？"艾森豪威尔回答说："我不忙，我只管着三个人，蒙哥马利、麦克阿瑟和马歇尔。"

**思考**

"诺曼底登陆"是第二次世界大战时期的标志性事件，在如此重要的历史

时刻,为什么拥兵百万的艾森豪威尔可以悠闲地打球?

**启示**

(1)做好了职责分工,每一位将领都知道自己的工作任务是什么;(2)做好了授权,每一位将领的权责对等;(3)能力,每位将领都身经百战,艾森豪威尔清楚地知道他们能够解决哪些问题。

---

艾森豪威尔作为指挥官非常清楚自己的职责,他的职责就是管好他该管的人,所以在诺曼底登陆前夕他还镇定自若地打球。人才都是随着完成任务得到自我发展的,艾森豪威尔手下的几位将军都是军事家,他在军中的基础未必比他们强,然而他非常清楚自己应该做什么,自己应该在什么事情上负责,所以他在每次战役中都能取得胜利,个人也得到了发展,最后当选为美国总统并得以连任。

在团队管理中,让每一个团队成员明晰自己的团队角色和职责,才能让他们真正负起责任来。在制定职责分工制度时,团队管理者需要考虑以下两个因素。

**第一,每一个团队成员的角色要与流程相对应**。每一个团队都有自己的工作流程,工作流程的每一个环节都需要有相应的责任人。在职责、角色和流程设计的过程中,按照流程的顺序设计每一个团队成员的角色与之相匹配,最终做到所有的流程环节都有人负责,所有的团队成员都会对流程负责。

**第二,职责与团队成员对自身发展的期望相适应**。团队成员所负责工作的职责如果与他们的发展期望相适应,则会提升团队成员的工作积极性和工作热情。在营销团队中,有些团队成员直接负责与客户建立联系,有些团队成员则关注内部流程、管理、服务和产品包装。如果团队成员希望不断磨炼自己的沟通能力,希望建立更多的社会联系,则负责与客户直接建立联系的工作职责对他们就更加适合。那些更希望在职场发展职业生涯、取得辉煌职业成就的团队成员适合分配更多挑战性的工作,而有些在职场打拼多年的团队成员则更渴望把自己的人生经验与工作经验传承下去,他们更适合带队伍,做导师,帮助新团队成员成长。

## 二、激励制度：观察团队成员的需求

**案例 5-5**

### 喜欢加班的新职员

一般来说，刚刚毕业的大学生对工作都充满热情。曾经有一位刚刚毕业的研究生在教师节回学校来看望老师，9 月是她刚刚开始工作的第三个月，老师问她对自己工作的感受，她是这样回答的："我觉得特别棒，我们公司竟然还会加班！"

**思考**

为什么新员工会对加班感到开心？

**启示**

职场新人大都对工作充满了热情，一切都是新的，每天都在接触新的事物、认识新的人，这里的一切与学校都是不一样的，带着干劲儿来上班是一件多么开心的事情！但是这样的热情可以持续几年呢？答案是 2～3 年左右。之后，他们就会快速进入"职业倦怠"期，他们开始感觉到厌倦、无聊、打不起精神，完全失去了工作的热情。

当团队成员进入"职业倦怠期"的时候，团队管理者应该如何做，才能让团队成员重新焕发工作热情呢？答案是团队管理者需要激励的制度和手段。激发团队成员努力工作的因素有哪些呢？下面这张表格可以比较清晰地呈现出相关的影响因素（见表 5-1）。

表 5-1　激发团队成员努力工作的要素 [42]

| | | 成员表现 | 团队管理举措 |
| --- | --- | --- | --- |
| 团队成员个体 | 动力 | 团队成员的工作目标、人生追求，看重金钱、成长、荣誉还是地位？希望工作家庭平衡还是看重个人价值的实现 | 设计恰当的激励制度，保证团队目标与团队成员个人目标的达成，团队与成员共同成长 |
| | 能力 | 在工作中擅长什么？具备哪些能力？对完成工作是否有信心 | 设计出让团队成员有自信完成工作的环境 |

续表

| | | 成员表现 | 团队管理举措 |
|---|---|---|---|
| 团队文化氛围 | 动力 | 团队其他成员的工作目标和人生追求是什么？在互动的过程中，团队成员的追求会出现趋同的表现 | 设计恰当的团队目标，并通过讨论参与等多种形式达成团队成员的相互认同 |
| | 能力 | 团队是否有良好的工作环境和氛围，帮助团队成员达成工作业绩 | 设计良好的软环境（文化氛围）与硬环境（激励制度） |
| 团队相关制度 | 动力 | 团队制度是否鼓励团队成员努力表现自己？业绩好的团队成员是否会得到相应的奖励 | 设计恰当的激励制度 |
| | 能力 | 有没有人能够给团队成员提供帮助？这些帮助是否唾手可得 | 通过设计合适的能力建设制度和人员培养制度保证团队成员能力的提升 |

从表 5-1 可以看出，促使团队成员努力工作的影响因素可以划分为三类，分别来自于团队成员个体、团队文化氛围和团队相关制度。设计出良好的激励制度对团队成员保持工作热情、达成工作业绩有很重要的作用。那么团队管理者在设计团队激励制度的时候，考虑哪些因素才能确保团队的激励制度能够得到有效执行呢？

**第一，考虑团队成员的多种工作动力。** 马斯洛经典的需要层次理论将人的需要分为五个层次，由低到高依次为：生理需要、安全需要、归属与爱的需要、尊重的需要、自我实现的需要。他认为人的需要是由低到高的，低层次的需要满足后才会有高层次的需要。因此在建立激励制度的时候必须要先了解团队成员的需要，激励制度必须在适应团队成员的高层次需要时才能发挥激励作用。在马斯洛需要层次理论上，又发展了多种需要理论，如赫茨伯格双因素理论。管理者要结合团队成员的需要来制定激励制度，激发团队成员的工作动机，增加他的主人翁意识，让他觉得不是在为团队工作而是在为自己工作。例如：当团队内部年轻成员较多的时候，团队管理者应注重成员对薪酬、能力增长需要的满足，当团队成员有相当的工作经验时，团队管理者应关注团队成员成长与发展的需要。

**第二，慎重使用物质奖励。** 企业支付工资和奖金就已经是购买团队成员的劳动服务了，团队管理者如果想通过物质奖励的方式对团队工作进行激励，最好做到：(1)少就是多，此时提供的物质奖励更多的是象征意义，对团队成员的认真工作进行鼓励；(2)积分换奖励，当团队管理者鼓励团队协作行为时，如果团队成员表现出团队协作的行为就可以得到一些积分，这些积分可以换成一些团队成员喜欢的奖励。

### 案例 5-6

#### 奖励的负面作用

一位团队管理者希望团队成员能够想出更多的创新方案，于是在团队中制定了一个这样的奖励方案：每个小组每周至少头脑风暴半个小时，构思新的工作方法，寻找解决长期问题的手段以及开发新的产品。为了确保新的方案得以执行，团队管理者会根据创新方案的价值提供一定的现金奖励。

没想到，该方案执行了几个月就停止了，原因是一位团队成员将大家的意见占为己有，私自写上自己的名字提交，并得到了相应的奖金，这导致其他团队成员的反感。此外，在推行奖励前，团队成员认为给工作提出合理化建议或者创新性的想法是自己的本职工作，但是实施奖励后，团队成员认为自己提出的建议和想法是额外工作，应该得到奖励，没有奖励，大家反而不愿意提出建议了。

**思考**

为什么奖励带来了负面作用？

**启示**

对于团队成员该完成的工作不应该实施奖励。

## 三、沟通制度：顺畅沟通造就高效团队

研究表明，在高绩效的团队环境中，团队成员会非常自在地提供反馈意见。即便在没有被要求的情况下，他们也会主动坦率地给出自己的建议。事实上健康团队的一个明显标志就是，团队成员会随时给出逆耳的建议，而不是将所有

问题都推给团队管理者[43]。

团队建立沟通制度的目的是提高工作效能，让团队合作更为高效，团队成员运用沟通机制分享工作成果，学习他人经验，解决遇到的问题，避免成员间产生冲突，有效提升团队成员信任度。为了让沟通制度行之有效，团队应建立广泛的沟通制度，既要有定期的沟通也要有非定期的沟通；既可以是面对面地沟通，也可以通过电话、邮件、媒体软件等方式沟通，但无论建立什么样的沟通制度，都必须满足团队全体成员沟通的需要，也要考虑沟通成本，达到团队高效合作的目的。

 案例 5-7

## 大咖也需要沟通

当苹果公司创始人史蒂夫·乔布斯被问及团队成员是否会主动指出他的错误时，乔布斯笑了。"哦，会的，我们会进行精彩的辩论。"他说。当被问及他是否赢得了这些辩论时，他的回答很坚定："哦，不，你不能那样。如果你想聘请优秀的人才，想让他们留下来为你工作，你就必须让他们做很多决定。公司运营要靠最好的想法，而不是层级制。最好的想法必须胜出。"

**思考**

对乔布斯的认知，除了"商业奇才"等标签外，情绪稳定性差、性情暴躁也为大众周知，为什么自视甚高的乔布斯也不能拿自己的观点压制团队呢？

**启示**

（1）让最好的想法胜出，而不是让最高级别管理者的想法胜出，这是企业创新的法宝。（2）最优秀的人才需要得到信任和最大限度地授权。（3）良好的沟通是这一切的基础。

由于中国文化的典型特征是"高权力距离"，团队管理者与团队成员之间存在较大的距离，小的时候孩子们怕老师，长大了团队成员们怕管理者，管理者给大家的感觉似乎是高高在上的。在团队中，这样的工作方式可能会造成沟通效率的下降，因为团队成员可能掌握着大量团队管理者不具备的一线市场信息，缺乏这些信息，团队管理者很难做出正确的决策。因此，团队在构建沟通制度时，需要遵循以下三个原则。

**第一，构建沟通关键时间节点。** 在团队工作中，可以通过晨会、晚班会、例行工作会、例外事件工作会、团队研讨会、案例分析会、学习分享会、工作交流会、年终总结会等多种形式进行沟通，这些沟通可以通过制度化的方式进行规定，以确保团队成员清晰地了解在哪些时间节点需要进行沟通，以便大家做好准备，保证沟通的效果。

**第二，打造畅通的沟通渠道。** 在数字化时代，团队有了很多沟通渠道，面对面谈话、E-mail、微信、电话、工作布告栏、意见箱等都是沟通工具。但有了多样化的沟通工具并不代表着畅通的沟通渠道。复杂且重要的工作问题适合使用面对面的团队工作会议来解决，例行的琐碎工作则最好通过布告栏、微信群通知、共享文档、看板的方式来解决。根据沟通的内容确定合适的沟通渠道，在构建沟通制度时，也需要团队管理者适当考虑。

**第三，全员掌握沟通技巧。** 沟通的目的是澄清信息，不是区分好坏对错，只有团队成员能够安全地表达自己的观点，不害怕被责备和批评，他们才能有更高的工作积极性，团队的沟通才能更加顺畅。为了更好地进行沟通，团队管理者可以带领团队成员一起掌握一些沟通技巧，如学会倾听；沟通的目的是澄清信息而不是辩论；构建安全的沟通环境；管理者减少与团队成员的权力距离等。

## 第三节　能力提升制度服务于团队的可持续发展

　　能力建设是提高工作绩效的基础，要想切实提升团队能力，团队需要建设以下三个制度：能力建设制度、人员培养制度和授权制度。本节将讨论建设这三个制度过程中的注意事项以及构建制度的一些原则，帮助团队管理者更好地构建能力提升制度，并确保有效地执行和实施。

# 一、能力建设制度：打造团队的核心能力

**案例 5-8**

## 成功的读书会

某企业的人力资源管理团队为全体团队成员设计并实施了一年的读书会活动。读书会活动主要是进行拆书工作，使用 RIA 模型进行拆书，具体来说，R—（Reading，阅读）、I—（Interpretation，拆解）、A—（Appropriation，拆为己用）。每一次读书会活动都会有 20—30 名团队成员参加，在阅读、讨论、分享、互动的过程中，很多团队成员不知不觉在一年中读了 10 多本书。一些团队管理者学会了如何使用教练技术去管理自己的团队成员，而很多团队成员也学会了如何在工作中更好地发挥自己的优势。

**思考**

读书会在能力提升方面扮演了怎样的角色？

**启示**

（1）结构化读书使得团队成员掌握读书的技巧，能够快速把握每一本书的要点，通过知识积累提升能力；（2）通过共同阅读，不仅可以掌握每一本书的内容，还可以通过分享和互动得到更多有价值的知识；（3）每一次阅读的书籍都是经过精挑细选的，避免查书找书带来的时间消耗。

---

要提升团队能力，团队可以设计以下活动：读书会、经验分享、知识资源库、应知应会知识标准设计、案例库、新团队成员的 10 万个"为什么"、知识萃取等。团队要确保通过每一次工作或者每一项任务的完成，让团队能力有所提升，让团队的知识和能力资源能够得到沉淀。很多工作经验是团队成员独特的"隐性知识"，属于团队成员个人，这些沉淀在团队个人当中的"隐性知识"如果不能够通过多种方式转化为团队的"显性知识"，则团队能力就无法有效得到提升，团队也难以打造自己的核心竞争力。团队设计能力建设制度时，需要关注以下两个问题。

**第一，能力建设制度要切实与团队工作密切联系在一起。** 由于团队成员大都有自己的工作职责和考核指标，在工作中需要把自己的主要工作精力放在完

成工作任务上，因此能力建设制度要真正做到提升团队成员的工作能力和工作业绩。例如：很多团队都会建设自己的知识库/资源库/案例库，团队成员在工作中遇到了问题，就可以去资源库查找相关的资料和文件，以助于自己工作的完成，这时候资源库的建设就能够与团队成员工作的完成密切联系在一起，会得到团队成员的高度喜爱。

第二，能力建设制度要设法把团队成员的"隐性知识"显性化。业绩优秀的团队成员大都有很多自己独特的工作经验和工作能力，由于这些团队成员大多在基层的工作岗位工作，人微言轻，所以难以将自己的经验"显性化"，对团队来说，这是一个很大的损失。在能力建设的时候，团队管理者需要邀请这些优秀的团队成员把自己的经验撰写出来，形成能够为其他团队成员，尤其是新团队成员使用的手册、模板、表格等，帮助新团队成员提升工作业绩。如：某项目团队有一个《新团队成员的10万个"为什么"》手册，在这本手册中，那些曾经带过徒弟的导师为新团队成员编写了一本手册，将新团队成员遇到的绝大多数问题一一进行了解析，不仅提高了新团队成员的工作效率，也避免了他们过多地麻烦老团队成员，减轻了其他团队成员的负担。

## 二、人员培养制度：促进团队与成员共同成长

### 不知所措的"新鲜人"

7月，几位加入研发团队的新团队成员到岗了，作为写代码的"新鲜人"，团队管理者对他们寄予厚望，名校毕业、新生力量、爱学习、有活力，肯定会为团队带来良好的业绩。没想到仅仅过了几个月，这几位"新鲜人"就进入了工作疲态。原因是什么？这些"新鲜人"发现自己一进入团队，就投入紧张的工作状态中。没有接受过必要的培训，也不知道自己的岗位职责是什么，就立刻接过刚离职团队成员尚未写完的代码开始工作，有些"新鲜人"甚至连团队其他成员的名字都叫不全。工作中遇到了问题，也不知道该跟谁讨论或者向谁请教，因为其他人也都表现得忙忙碌碌。

**思考**

前文讨论过"职业倦怠期"的问题,一般来说,新员工在入职 2—3 年的时候进入"职业倦怠期",为什么该团队的新员工入职几个月,就进入了"职业倦怠期"?

**启示**

(1)团队缺乏必要的新员工培训制度,新员工进入团队,至少应该熟悉工作流程、工作制度,与全体团队成员建立有机联系,知道自己的工作职责,自己与哪些人的工作职责之间存在联系等;(2)团队缺乏促进新员工在岗学习的手段和方法。

---

由于团队和团队成员是一个利益共同体,因此在团队发展的过程中,团队管理者也需要构建恰当的人员培养制度:一方面可以更好地帮助团队提升战斗力;另一方面,当团队成员感受到自己的能力在不断增加时,他们也会更有信心继续努力工作下去。

常见的人员培养办法包括:导师制、轮岗、在岗学习、外出培训与学习、升职、根据兴趣爱好和表现调整工作岗位等。上述办法都是团队管理者在团队管理的过程中可以使用的。在构建人员培养制度时,需要考虑以下两个原则。

**第一,每年与团队成员进行一次个人成长的谈话**。成长谈话并不是为了考察团队成员的日常绩效与目标达成情况,它聚焦的是职业发展,使用"成长谈话",团队管理者可以定期了解团队成员在学习和成长方面的目标,帮助他们设计个人发展路径,并最终助力他们取得进步。在"成长谈话"中,团队管理者可以提出与团队成员能力发展相关的问题,双方可以通过对话相互交换意见并一起探寻发展路径。开展这样的职业发展对话,团队成员更愿意敞开心胸,讲述他们遇到的困难、他们的动力、工作中产生摩擦的原因、团队运营中的问题等。研究表明,这种做法在所有层级的团队成员中都大受欢迎。

**第二,制度要满足团队成员成长的需要**。由于团队管理者拥有的资源有限,尤其是升职方面的资源,因此,团队管理者在设计人员培养制度时,也要因地制宜、有的放矢。团队管理者常用的人员培养制度是导师制、轮岗制、培训学习制等,此外,还可以使用承担挑战性工作、承担更大的工作责任、扩大团队成员的工作范围等方式来满足团队成员成长的需要。团队管理者需要让成员意识到，满足成长需要的方式有很多种，比如能力的提升、经验的增加、与业界顶级的人物建立合作关系等，成长需要并不只是通过升职的方式来满足的。

## 三、授权制度：在"管"与"放"之间找到平衡

实际工作中总会遇到一些预料之外的问题，而站在业务一线的永远不是管理者而是团队成员，所以团队成员是第一个听见炮火声音的人，他的第一反应和及时应对对团队工作的成败起着重要作用。能够在团队制度的大框架下及时解决问题的团队成员才是高效团队成员，才能让团队高效运行。授权制度能够确保团队成员提高主观能动性，是让团队成员具备应变能力的保障机制。

案例 5-10

### 亲力亲为的诸葛亮

诸葛亮在人们心中可谓是"集聪明智慧于一身"的智者形象，他在政治、军事、经济、书法、绘画、音乐等多方面均有许多成就，但他并不是一名优秀的管理者。他不懂得授权于人，他的一生勤勉谨慎，大小政事均必亲自处理。虽然屡立战功，但他并没有将自身的本领传授于他人，他个人是赫赫有名的人物，运筹帷幄，决胜千里，而他所在的团队蜀国在刘备死后便形成了"蜀中无大将、廖化当先锋"的局面，而他本人也终因积劳成疾，病逝时年仅五十四岁。

**思考**

作为智者的诸葛亮为什么不是优秀的管理者？

**启示**

诸葛亮至少犯了以下几个错误：（1）不培养人；（2）不会授权；（3）不信任人；（4）不会约束自己过强的责任心；（5）缺乏对自己"鞠躬尽瘁死而后已"管理风格的反思。

---

诸葛亮错就错在他负责过头了，他本应该识人、用人、育人，严格履行一名丞相的责任，然而他的身先士卒，让其他有可能成为上将的人才失去了用武之地，失去了被发现和成长的机会，剥夺了他人自我实现的需要，造成了在蜀

国有成千上万勇敢的士兵，但却只有有限的将军。

管理者学会授权团队成员才能成长，只有团队成员成长的速度加快才有利于团队的成长，管理者才能做到真正的授权。在团队目标实施的初期，管理者往往一眼就能看出成员工作中的问题，习惯于亲自上马而忽视制度规范及责任的落实。在制度的规范下管理者必须忍住插手的欲望，是谁的责任就应该谁来负责，让成员学会自己发现问题并提高分析问题和解决问题的能力，学会提出建议，学会向上管理。如果管理者事事亲力亲为，必然会断送成员的思考能力，造成授权失败，最终阻碍团队的进步。

授权时也有遵循三个原则。

**第一，授权要有相应的支持机制**。在授权方面，华为做得非常不错，但是还要看到，团队要做好授权，首先需要有好的支持系统，指挥权和决策权在团队成员那里，团队必须有良好的支撑。好的产品、好的服务、好的运作流程，都是支持"让听得见炮声的人来呼唤炮火"的基础。

### 案例 5-11

## "班长的战争"

华为的业务人员基本上常年在外，不可能事事汇报，特别是采购、营销等业务，一线人员需要在规定的原则下洽谈，只有关键问题才需要汇报，不然如果事事汇报那还怎么谈业务？

为了简化组织管理，让"前线"发现战略机遇，以小单元的作战扩大到后方的支援，以达到精准打击，华为总裁任正非推出了"班长的战争"管理模式，这种模式将原来的中央集权下沉，变成了集中前线的火力。

华为的轮值董事长胡厚崑说："让听得见炮声的人来呼唤炮火。"这种做法将指挥权和项目决策权放在区域，产生合理利润，并逐步走向精兵模式。

"班长的战争"是华为组织变革的趋势，也是合理选拔和使用干部的有效方式，将"班长"培养成为后备的指挥官。

**思考**

为什么未来的战争是"班长的战争"？

**启示**

本书的多个章节都分析过企业面临的经营形势的变化，企业面对高度变化的环境，高度个性化的客户，高度竞争的市场，一线面对客户的团队必须拥有权力去最大限度地满足客户的要求，后方则负责提供炮弹（好的业务和服务），"班长的战争"强调的是一线得到极大授权，后方做好服务和支撑工作。

---

第二，**授权时要考虑团队成员的能力**。管理者授权的前提是了解团队每一个成员的能力和职责，在他们职责和能力范围内实施授权，并随团队成员的能力对授权进行调整，以达到授权的最终目的。

第三，**授权要有相关的监控机制**。管理者在实施授权的时候最为担心的就是一放就活，一活就乱。其实授权并非放权，而是采取的间接管理或合作式管理，管理者在授权之后仍然要依规履行管理职能。尽管管理者有对团队成员的正式控制权，但一些授权后的因素合起来也会使管理者处于不利甚至失控的地步，产生权力倒挂。真正的授权要以制度为前提，管理者只有在制度下进行授权才让授权有真正意义，才能让团队成员因授权对工作具有高度的责任感，让团队成员得到发展，并让团队可持续发展，有效提升团队制度执行水平。

**行动指南**

1. 团队制度是条文,执行才会让它真正活起来,发挥应有的作用。

(1)团队制度的公平性源自价值取向、透明度、认同等,公平提高了制度的执行水平;

(2)具有可行性的制度才是好的制度,才能对工作绩效发挥应有的作用;

(3)人是制度执行的关键因素,团队成员对制度的认同与否直接影响制度的执行力。

2. 更好地构建与绩效达成相关的制度,确保其有效执行和实施。

(1)职责分工制度,要考虑团队角色与流程相对应,职责与团队成员对自身发展的期望联系在一起;

(2)激励制度,要考虑团队成员的多种工作动力,慎重使用物质奖励;

(3)沟通制度,要构建沟通关键时间节点,打造畅通的沟通渠道,让全员掌握沟通技巧。

3. 更好地构建与能力提升相关的制度,确保其有效执行和实施。

(1)能力建设制度,要切实与团队工作密切联系在一起,并设法把高效团队成员的"隐性知识"显性化;

(2)人员培养制度,要每年与团队成员进行一次个人成长的谈话,要满足团队成员成长的需要;

(3)授权制度,要有相应的支持机制,考虑团队成员的能力,有相关的监控机制。

 测评

## 团队制度执行健康度测评

以下是团队制度执行健康度测评，1= 非常不同意，5= 非常同意。制度的执行力、绩效达成、能力提升三个维度可以分别计算平均分，平均分越接近5分，说明该项制度执行健康度越高。如果平均分低于3分，则说明你需要花费时间和精力对该制度进行认真思考如何设计，提升该维度的制度执行水平。

请根据你所带领团队制度执行的实际情况，对下面题目进行评估。

| 维度 | 测评题目 | 非常不同意 | 不同意 | 中立 | 同意 | 非常同意 |
|---|---|---|---|---|---|---|
| 执行力 | 团队制度对团队每一个成员均是公开透明和公平执行的 | 1 | 2 | 3 | 4 | 5 |
| | 团队制定中的条款均符合团队实际需要，能够为团队工作目标服务 | 1 | 2 | 3 | 4 | 5 |
| | 团队成员对团队制度的认可度高 | 1 | 2 | 3 | 4 | 5 |
| | 该项平均分 | | | | | |
| 绩效达成 | 团队每个成员都能够履行自己的职责 | 1 | 2 | 3 | 4 | 5 |
| | 团队制度能让团队成员努力工作提高绩效 | 1 | 2 | 3 | 4 | 5 |
| | 团队成员会随时提出工作建议 | 1 | 2 | 3 | 4 | 5 |
| | 该项平均分 | | | | | |
| 能力提升 | 团队制度能提升团队的核心竞争力 | 1 | 2 | 3 | 4 | 5 |
| | 团队制度能够展现团队成员的"隐性知识"，满足团队成员成长与发展的需要 | 1 | 2 | 3 | 4 | 5 |
| | 团队授权管放结合，与团队成员能力相匹配 | 1 | 2 | 3 | 4 | 5 |
| | 该项平均分 | | | | | |

【结果分析与说明】

| | 4～5分 | 3～4分 | 3分以下 |
|---|---|---|---|
| 执行力 | 团队制度可执行性强，执行公平，团队成员认可度高 | 团队制度可执行性比较强，基本能做到公平执行，团队成员普遍认可 | 团队制度可执行性差，执行不公平，团队成员认可度较低 |
| 绩效达成 | 团队制度对团队成员有积极的作用，团队成员工作态度好，绩效提升快，沟通能力强 | 团队制度对团队成员提高绩效有帮助，成员工作积极性比较高，在一定范围内能进行沟通 | 团队制度对团队成员的工作态度和绩效没有太大作用，达不到有效沟通 |
| 能力提升 | 团队制度管放结合，能够满足团队成员成长与发展的需要，团队核心竞争力强 | 团队制度有管有放，基本满足团队成员成长与发展的需要，对团队核心竞争力的提升有一定作用 | 团队制度或集权或管放不清，不能满足团队成员成长与发展的需要，团队缺乏核心竞争力 |
| 执行健康度 | 团队制度执行健康度水平较高 | 团队制度执行健康度水平一般 | 团队制度执行健康度水平较低 |

# 第六章 制度的活力在于发展

团队制度是高效团队运行的保障，它可以让团队在运行中维持良好的秩序，保证任务的达成，满足大多数团队成员的需要，促进团队的发展。但它也需要优化和完善，因为随着环境变化、团队任务变化以及团队成员变化，现行团队制度的不足也会慢慢显现出来，因此制度必须要不断优化来与这些变化相适应。只有发展的制度才有活力，才能让团队始终保持高效团队的特征。优秀的管理者应随时关注团队内外环境的变化，随时检查纠正，调整制度的执行方案、执行方法，不时自省、否定昨天的自我，不断完善制度，推动制度的优化与发展。

## 🏆 第一节　团队制度需要推陈出新

随着发展和环境变化的要求，团队制度也不是一成不变的，需要与时俱进。具体来说，团队制度的发展变化受到三大类因素的影响：（1）宏观因素，包括社会环境、科技进步、组织战略以及客户需求的变化，这些变化都需要体现到团队制度的完善与发展中；（2）中观因素，指的是团队自身所处发展阶段，团队有5个发展阶段，在每一个阶段，团队制度的内容也要有不同的侧重点；（3）微观因素，团队成员的发展与成长诉求的变化，也会推动团队制度的不断调整与完善。

## 一、宏观因素：制度要对环境变化保持敏感

环境对制度的影响有多种因素，主要体现在以下四个方面。

**第一，团队制度需要体现社会环境的变化**。影响团队制度的社会环境因素不仅是动态的，而且是快速变化的，比如全球化经济引发团队之间的竞争。全球化经济意味着竞争对手可能来自另一座城市，也可能来自海外。成功的组织要紧跟时代脚步，需要同样灵活且反应迅速的员工队伍，迅速开发新产品并投放市场，这样才能适应急剧变化的环境[44]。以团队的激励制度为例，国内的企业现在非常盛行的高管团队股权激励制度就是结合环境变化提出的创新管理制度。全球化竞争的不只是经济和市场，也包括人才，针对高管团队的股权激励制度不仅减少了代理成本[45]，也增强了管理团队的主人翁意识和工作积极性。

**第二，科技进步影响团队制度的发展**。人类经过漫长的农业时代、200多年的工业时代、短暂的知识经济时代，大踏步地进入互联网时代，在这个时代各种高科技技术层出不穷。近年来，各种炫目的词汇不绝于耳：新能源、5G、物联网、核聚变等。信息技术、数字化发展的突飞猛进提高了团队绩效，物联网的兴起给零售业带来了新的商机，新的生产线的产生更是提升了团队绩效，种种新技术的发展也给团队制度带来很大的挑战，团队管理制度也要学会"赶时髦"。

### 案例 6-1

#### 团队制度该对沟通渠道进行规范吗？

随着5G时代的来临，团队可以使用的沟通渠道越来越多，从面对面的沟通、开会，到纸质版的文件、备忘录，到电话沟通，再到电子渠道的沟通。丰富的

电子渠道沟通主要包括：电子邮件、微信、微信群、视频会议等多种形式。电子渠道提升了团队沟通的效率，但是也带来很多团队管理的问题。

某营销团队在微信群里讨论新的营销方案，一位团队成员呈现了自己的营销方案后引起团队管理者的不满，于是团队管理者在微信群里使用了过激的言辞表达自己的观点。随后，这位团队成员将这些言辞公布于大众，使得企业形象受到损害，团队管理者不得不选择主动辞职降低损失。

**思考**

为什么团队管理者要对本次沟通失败承担责任？

**启示**

作为团队管理者，应该清楚地知道哪些信息适合使用何种渠道传递。在沟通渠道日益丰富、员工拥有极大话语权的今天，这是一个基本要求。

---

丰富的沟通渠道确实提升了沟通的效率，但是有些敏感信息或者充满强烈情绪色彩的信息是否应该使用电子渠道进行沟通呢？案例得出的结论显然是负面的，因此，在信息技术高度发达的今天，沟通制度就要与时俱进。这也说明团队管理制度需要考虑技术发展带来的影响。

**第三，团队制度要顺应组织战略发展的要求**。组织在创新与竞争的环境中为实现预定目标需要对战略进行调整，组织战略也会对团队产生直接影响。新的战略需要新的团队制度相适应，团队制度也要与战略相统一。"人无我有，人有我优，人优我廉，人廉我转"，形象地说明了目标不变但战略随时会因环境而变的特点，目的就是让他人无法模仿，提高竞争力，而制度是与战略相统一的，以此保持团队的生存空间。

作为组织的有机组成部分，当组织战略发生转变，团队的愿景目标和工作目标也势必需要进行相应的调整。第四章中已经澄清了这样一个观点：制度服务于目标的达成，因此，一旦目标发生了变化，制度也要进行相应的完善。

**第四，团队制度需要迎合客户的新需求**。什么样的制度是对的制度？这是任何团队都应该思考的问题。在实际运行中，团队往往热衷于原有旧制度给团队带来的曾经的辉煌而忽视客户的新需求。这是非常危险的，不仅会降低团队绩效，还可能给团队带来致命危机。

### 案例 6-2

## 固守理念的诺基亚研发团队

诺基亚一向注重高科技领域,具有雄厚的技术实力与完善的质量控制体系,同时诺基亚非常注重对人的培养,创造各种渠道和优越的条件让员工实现个人价值,在业内具有良好的品牌形象和信誉,在全球手机市场更是一度占据第一的位置。

但在2011年被苹果iPhone和三星反超,因为什么呢?因为客户的需要已然发生了变化。当年的手机对用户而言还算是奢侈品,用户更注重手机产品的质量,而苹果iPhone的诞生彻底改变了用户对手机的理念。据统计,2011年中国的手机市场50%以上被苹果占据,再加上安卓手机的软件优势,用户的眼球已经被手机的新功能所吸引,而这时的诺基亚又做了什么呢?

面对用户消费市场需要的变化,诺基亚并没有去适应和改变,而是坚守着陈旧的设计理念固执地守着塞班平台,导致越来越跟不上用户的需要,全球裁员,销售渠道严重损害,最终失去了手机市场。

诺基亚曾在10年中花费400亿美元用于研发,这在当年是苹果研发经费的4倍,而诺基亚研发团队没有考虑到用户新的需要,将巨额的研发费用仅用于对技术的追求,最终让诺基亚被用户所抛弃。

**思考**

如何总结诺基亚的失败?

**启示**

诺基亚不能做到与时俱进,只固守自己的"优势",一直深挖护城河,设法提升企业核心竞争力,但是由于技术在进步,客户的需求已经发生了巨大的变化,诺基亚没有敏锐地发现这一点。

---

组织中的团队不是独立存在的,组织任务是由多个不同的团队完成的,比如研发团队代表着技术的先进与科技的提升,而它的研发理念却是在销售团队的任务中传递给客户的;而销售团队又因直接与客户联系,在任务的达成过程中会收集到客户对产品的意见与新需求,这些信息的反馈促进研发团队的研发,才会形成一个良性的循环。所以说,团队间的合作也同样是高效团队应关注的。

# 第六章 • 制度的活力在于发展

高效团队不仅关注自身的能力与发展，还会关注与之相联系的团队间的相互作用，了解客户新需要，不断调整团队成员分工、资源分配、激励、沟通等制度，最大限度地激发团队成员的创新精神，满足任务与客户需要的一致。

## 二、中观因素：制度要与团队的发展阶段保持一致

### 案例 6-3

#### 尴尬的制片人

差不多十年前，笔者曾经与央视一个职场节目制作团队有比较深入的合作。起初这个节目大受观众的欢迎，因为在娱乐的同时还能够学习一些职场的知识。受到观众热情的鼓舞，制作团队也保持着高昂的工作热情。

但是，一年过去后，这个团队陷入了疲态，原因是什么呢？有一次在讨论会上我发现了端倪。在选题讨论的时候，一位编导是这样说的："我们有这么多想法有什么用啊？最后还不是得听制片人的，咱们也不用讨论了，以后她说咋办就咋办吧！"

**思考**

作为团队的管理者，制片人管理团队的方式并没有发生变化，为什么在一年前可以激励团队努力工作，现在却不行了呢？

**启示**

答案隐藏在下面所述团队的发展阶段里。

---

按照斯蒂芬·罗宾斯的观点，团队有五个发展阶段，分别是形成阶段、震荡阶段、规范阶段、执行阶段和解体阶段[46]。每一个阶段都有不同的工作重点，如形成阶段的工作重点是加大团队成员彼此的认知和信任程度，震荡阶段需要管理团队冲突、明确工作重点，规范阶段通过建设管理制度让团队内部达成共识等。

在上述案例中，为了促进团队更好地工作，制片人作为团队管理者制定了沟通制度，要求大家通过周例会讨论每周的节目重点，通过日常工作例会讨论具体节目的制作方式。由于团队管理者本人是专业的编导出身，对编导业务非

常熟悉，常常在日常工作例会的时候给大家提出好的建议和意见，这些沟通制度在团队成立初期能很好地帮助团队成员快速进入角色，使得团队的节目一出现就大受欢迎。但是一年后的团队已经平稳地度过了形成阶段、震荡阶段和规范阶段，并进入了执行阶段，制作团队的成员能力已经有了很大的提升，固有的沟通制度伤害了团队成员的工作热情，需要进行调整。

**因此，团队的管理制度不能一成不变，需要结合团队的发展阶段明确制度的重点，对制度进行相应的调整。**

## 三、微观因素：制度要与成员的变化保持同频

对于年轻人占比例高的团队来说，新成员对团队的高要求对团队是否能留住人才也成为越来越重要的问题。

### 案例 6-4

### 因没有无线网络（Wi-Fi）而辞职的小王

某 Hc 项目部 2019 年新进一批刚毕业的大学生，小王就是其中一位 95 后本科生，土木工程专业。在上岗前，公司组织了为期 7 天的集中培训，也安排这批新入职的大学生在培训期间入住公司下属的酒店。培训一周之后，小王被分配到 Hc 项目部，项目部刚建点没多久，各种设施还不完全，没有独立的卫生间和单间宿舍。小王待了不到五天便向公司提出辞职申请。收到申请后，项目部党支部书记很重视，单独找他谈话，询问原因，小王的理由是项目部没有 Wi-Fi。

**思考**

没有 Wi-Fi 也是辞职的理由吗？

**启示**

对新生代员工来说，这是一个很恰当的理由，因为新生代是"网络原住民"，他们一出生就生存在网络环境中，没有 Wi-Fi 就好像没有空气和水一样，当然可以成为一个正当的理由。

第六章 • 制度的活力在于发展

这个案例反映出了新时代员工对团队需要的提升给团队人才管理带来的冲击，案例有代表性，辞老板的事时有发生。哪些团队才能留住人才？物质条件好的团队可能还会觉得管理者不重视自己；管理者重视的团队可能还会觉得工作量大；工作轻松的团队还可能认为缺少发展的机会，这些都是新时代员工在需要上与老一代员工的不同点。老一代员工必然会退出岗位，因此团队在新一代员工招聘时就应该对员工的需要进行充分考虑，在管理上有相应的制度保障，以此满足新团队成员的需要。如果工作环境不能达到团队成员满意的水平，那就应该从团队成员的绩效管理、创新发展等方面下功夫，为团队成员建立能力提升或职位升迁的制度保障和措施，更好地对团队成员起到激励作用。

重视成员成分的变化，在制度上跟进成员需要，团队才能留住需要的人才，改善团队成员结构、优化分工、提升团队绩效与建设水平都是管理者需要思考的问题。

## 第二节 绩效达成制度需要发展完善

不管制度如何变化，万变不离其宗，制度一定要服务于目标。随着外部环境的变化、客户需求的不断调整，组织也在更新自己的战略。近年来，"转型""结构升级""变革""二次创业"的声音不绝于耳，都代表着组织需要面对变化的环境做出改变。在组织战略调整后，团队的目标也要进行相应的调整，此时的团队绩效制度就要有所发展和更新。

本节将结合技术变革、组织变革与发展等谈谈团队绩效制度未来发展的一些趋势。

### 一、分工制度：专业化分工从点到面

分工制度强调的是团队内部要有明确工作职责和任务分工，通过分工将责任落实到每一个团队成员，以便每一件工作都能够充分地体现。分工的理念最初产生于亚当·斯密的《国富论》，由于当时的英国已经进入了工业革命时期，分工理念的提出给工业化生产创造了理论基础，也在很大程度上提升了工业生产的效率。

进入21世纪后,团队面临着这样一些管理环境的变化:(1)环境变化迅速。例如:由于中国的制造业成本不断升高,因此面临着世界制造业中心离开中国转移到东南亚的趋势,中国的制造业企业需要完成转型升级的工作。但是一场新冠疫情又使得形势发生很大的变化,由于东南亚疫情防控不利,很多企业无法开工进行生产,大量的制造业订单又转回到中国企业手里,扩大生产规模,招到更多人手成为新的挑战。(2)竞争不断加剧。每当新的市场出现,总会有竞争对手设法进入该市场,并通过技术、市场的竞争将该市场变为所谓的"红海"市场,如何有效应对竞争是企业和团队需要关注的话题。(3)客户需求不断变化。由于客户自身所处的市场在不断变化,客户的战略需要进行调整,因此客户的需求也在不断变化和调整,这些都需要团队做出回应。

上述管理环境的变化意味着团队的分工制度出现了以下两个发展趋势。

**第一,分工从"细"到"粗"**。过于专业化的分工会带来以下的问题:(1)成员技能无法得到有效提升。如果每一个团队成员仅负责一个很小的工作流程,团队成员的技能有限,一旦出现其他团队成员的岗位空缺,成员无法胜任其他工作岗位的工作要求。(2)难以应对变化的环境。当竞争环境发生变化,团队需要做出快速响应的时候,由于团队成员技能有限无法应对变化的要求。因此,团队分工制度在发展完善时,需要摈弃过"细"的分工和流程。

**第二,分工从专业化到扩大化**。由于过于专业化的分工不利于团队能力的提升,因此,团队管理者在设计分工时,要考虑工作扩大化。**工作扩大化就是通过横向扩展工作或者扩大工作范围,使得员工满意度提高,改善服务的质量以及降低差错率**。例如:一个流水线上的工人不只负责贴标签,也负责下一个工作流程的工作。一个薪酬专员不只负责薪酬的发放,还负责薪酬的调整以及激励性薪酬的设计。在工作扩大化设计时,团队管理者可以使用"工作特征模型",考虑以下因素:(1)技能多样性,一项工作可以从事多项活动从而可以使用到员工的多项技能,帮助员工提升自己的能力;(2)任务完整性,一项工作需要完成一个可辨识的、完整的工作任务;(3)任务重要性,工作对员工工作和生活的影响程度;(4)工作自主性,一项工作给员工的自主权、决策权和自由度;(5)工作反馈,员工在工作的过程中,能否得到关于自己工作的及时、有效的反馈以及反馈的明确程度(见图6-1)。

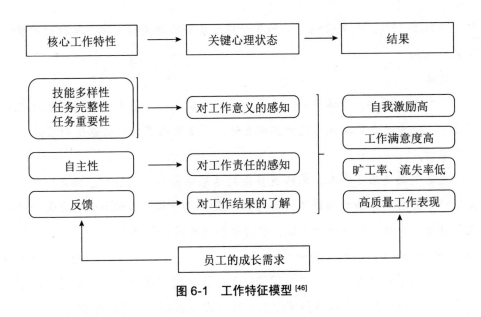

图 6-1 工作特征模型 [46]

## 二、激励制度:手段从单一到丰富

**案例 6-5**

### 哪一个是团队成员真正想要的?

在《重新定义团队》这本书当中,谷歌的一位人力资源总监讲了他在谷歌员工中调查他们想要哪种奖励时,员工明确地表达了对现金奖励的倾向性,他们认为现金比体验的实际意义要高 31%。于是谷歌做了一个实验,在一段时间内对照组里的员工还如以往一般获得现金奖励 200 块钱,而在实验组中获奖的员工得到的是旅行、团队宴会以及与现金价值相当的礼品奖励,并且不再给予股票奖励,而是送获奖团队去夏威夷度假,小额的金钱奖励也换成了健康疗养中心旅行、团队美食晚宴或是赠送家用谷歌电视。

但是结果令人震惊,尽管员工说他们喜欢现金奖励超过体验奖励,但是更开心的反而是实验组,他们认为自己得到的奖励更有趣,开心程度比现金奖励组高出 28%,更令人难忘。5 个月之后再做调查,获得现金奖励的员工的开心程度降低了 25%，而实验组员工的开心程度反而比获奖时更高，持续时间长，而且强度高。

**思考**

"嘴上说不要，身体很诚实"是一句网络流行语，谷歌的调研结果也说明了这一点，为什么员工认为现金奖励更好，但是体验奖励的满意度却很高呢？

**启示**

现金奖励奖给了个人，团队成员得到这笔钱最初会很快乐，但是这种快乐会很快被遗忘。体验奖励则不同，与团队成员在一起度过的美好时光带来的愉悦、信任、鼓舞等积极情绪体验，值得他们用更长的时间回味。

---

以前的团队管理者可能会发现能够激励团队成员的是物质，但是对新生代团队成员来说，可能团队成员关注的不只是物质激励，还包括精神激励。因此，团队激励制度未来的发展趋势是：**激励手段不断丰富化**（见图6-2）。

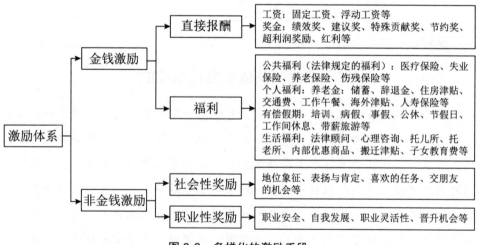

图 6-2 多样化的激励手段

**使用多样化的激励手段，团队能够多方位、多角度地满足团队成员的需求，激励作用达到最大限度。**

## 三、沟通制度：渠道从开放到受约

由于技术进步，团队可以使用的沟通手段日益丰富，近年来，电子沟通已经成为最重要的沟通渠道。电子沟通即以手机、计算机等电子设备为媒介的电子化沟通形式，包括电子邮件、即时通信、电子报纸等[47]。电子沟通正在改变着人们的生活和工作方式[48]，不仅允许团队成员时刻保持人际联系，还方便其随时随地进行工作通信，使得团队工作拥有更大的灵活性和自主性[49]。

表面看来，无时不在的电子沟通确实丰富了团队管理的沟通渠道，也提高了团队管理的沟通效率。但是电子沟通存在以下一些问题：（1）增加了团队成员的工作压力。团队成员无论是上班时间还是下班时间，都可以通过电话、短信、微信和电子邮件等得到来自客户的信息、来自团队领导的要求以及来自其他团队成员的文件，工作的界限日益模糊，工作的时间边界也被打破，团队成员可能会完全丧失自己的个人生活。（2）降低了团队成员的工作满意度。电子沟通渠道的存在，使得团队成员工作的时间界限被打破。大量研究表明，团队成员的离职意愿增加，组织公民行为下降，工作中的偏差行为增加以及情绪耗竭的可能性增加。（3）团队的内部信息难以做好保密工作。由于部分电子沟通渠道使用文字的方式，如微信或者电子邮件，团队内部的工作信息很容易被传播出去，并造成不好的影响，也增加了团队管理的工作难度。因此，在电子沟通渠道日益丰富的前提下，团队沟通制度也应做出新的完善。

**第一，非工作时间的电子沟通应有制度的约束**。大量研究表明，非工作时间的电子沟通给团队成员的生活带来很大困扰，是造成团队成员离职和职业枯竭的原因之一，因此，团队的沟通制度应对非工作时间的电子沟通有所约束，包括沟通的内容、频率和时长，以避免过多打扰团队成员的休息时间，让他们有更饱满的精力应对日间的繁忙工作。

**第二，敏感信息尽可能使用通道丰富性高的沟通渠道**。沟通渠道的丰富性是指：（1）同一时间处理多种信息；（2）促进快速反馈；（3）直接亲身的接触[50]。一些表达强烈情感或者涉及敏感及保密内容的信息，最好使用丰富性较高的渠道（见图6-3）。21世纪初，就曾经出现过这样的案例：某外企CEO

通过电子邮件向女秘书表达了强烈的批评，被不服管教的女秘书回怼过去，愤愤不平的女秘书还将该邮件群发给全体员工，又被全体员工迅速转发出去，不仅轰动了整个外企圈，还造成了不良的社会影响。

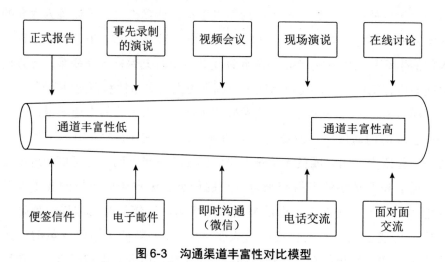

图 6-3　沟通渠道丰富性对比模型

因此，团队的沟通制度应该对信息发送使用的渠道进行适度规定，以避免信息被误用或者被不怀好意地使用。

## 第三节　能力提升制度需要与时俱进

不仅团队是发展的，团队成员也同样是发展的。团队成员希望在工作中不断提升自己的能力，包括业务能力、解决问题的能力、沟通能力等；随着时代的发展，团队成员的组成结构也会有很大的变化，成长起来的"90后""00后"，甚至"95后"逐渐成了团队的新生力量和主力军；另外，随着社会物质条件的丰富，人们的认知也在发生变化，对职业规划的需求也在不断增强。团队成员对团队制度的需要也在不断变化，这就需要制度建设跟上团队成员的步伐，以满足团队成员的需要。

# 第六章 • 制度的活力在于发展

## 一、能力提升制度：内容从固定到灵活

**案例 6-6**

### 疫情下的旅游业该怎么办？

2003 年"非典（SARS）"疫情的发生给中国旅游业带来了严重的影响，疫情发生后，关于旅游心理对旅游业影响的研究应运而生，这给旅游业在危机后的发展带来变革性的影响。

2020 年新冠肺炎疫情与 2003 年"SARS"疫情不同，它分布更广、持续时间更长、不可预见性更多，常态化疫情防控是这次疫情后的主要特点，对旅游者的心理影响也会持续到疫情后的较长一段时间，对旅游业带来的冲击更大。

携程的管理团队在这种情况下对内部流程制度进行了改进与优化，利用旅游低迷期开展培训，培训包含销售技巧、客户关系的维系、市场数据分析等一系列促进工作能力提升的线上培训课程，进一步完善了携程的产品体系，充实并提高了自身实力，为今后业务的扩展与运营效率的提升打下了良好的基础[51]。

**思考**

面对疫情，没有业务的时候，团队管理者可以做出怎样的选择？

**启示**

在疫情对旅游业的冲击下，携程团队很好地抓住了这一时机迅速反应，及时调整了内部流程制度，加大了培训时间，扩充了培训内容，更加注重团队成员能力的提升和团队的能力建设，不仅提高了团队成员的应变能力而且稳定了队伍。

---

在提升团队能力方面，制度的内容已经从固定变得更为灵活来应对时代的变化。

第五章强调过，团队的能力建设制度应包括读书会、经验分享、知识资源库、应知应会知识标准设计、案例库、新团队成员的 10 万个"为什么"、知识萃取等活动。在快速变化的时代，这些团队能力建设的相关制度依然需要有效保留，在此基础上，团队管理者构建的能力提升制度还应该聚焦团队的快速赋能。案例中的携程就是使用培训和完善产品体系的方式赋能给团队，以应对新冠疫情带来的挑战。

## 二、人员培养制度：技能从简单到宽泛

**案例 6-7**

### 制造业回归后的核心工作团队

2020年的新冠疫情，揭开东南亚制造业的软肋，一些离开中国的制造业订单纷纷返回中国。因此，江浙一带的制造业企业又开始忙活起来。在忙活的同时，企业明显感受到了用人的压力。在订单回归以前，企业的生产规模是恒定的，因此订单基本上由有经验、有技能且忠诚度高、资历老的团队成员负责。但是新订单来了之后，企业明显感受到人手不足，采取的措施是付费给临时工来工作，工资为200元/天。

因为这些临时工不掌握基本的工作技能，可能就会造成拖慢工作效率，次品率显著上升的现象，企业应该怎么办？

为了应付忙时闲时订单不均匀的现象，企业已经为此准备了一个核心工作团队。这个核心工作团队都是在职超过十年的老员工，他们已经具备了扎实的工作技能，同时撰写了比较成熟的培训教材，能够胜任对临时工进行培训的工作。此外，为了应对可能出现的新问题，该核心工作团队还鼓励团队成员学习和掌握新的技能，成员每掌握一个新的技能，团队就会提供相应的奖励，最终将该核心工作团队打造成能够解决大部分生产问题的精英团队。

**思考**

企业是如何通过人员培养制度解决忙闲不均带来生产效率低下问题的？

**启示**

（1）打造核心工作团队；（2）核心工作团队不只完成生产任务，还负责写教材、带团队、做培训；（3）鼓励掌握新技能，并提供奖励。

---

该核心生产团队显示出团队人员培养制度的两个发展趋势。

**第一，技能的培养越来越广泛。** 为了应对变化的形势，团队对团队成员进行广泛的技能培训，不只局限于团队成员的本职工作，也可以针对工作流程的上下游甚至更高级别的技能进行培训，这样不仅能够更好地培养团队成员的能力，也提升了团队抵御外界风险的能力。

**第二，技能的培养逐渐宽泛化。** 很多团队都喜欢培养团队成员明确的工作技能，如：打电话给客户的时候需要哪些话术，具体说什么内容；使用 Excel 分析数据的时候应使用哪些公式等。这些工作技能的培养是非常重要的，也是完成工作的必要步骤。但是应对变化的工作环境还应当培养一些宽泛的工作可能，如：创新能力、问题解决能力等，这些能力可能并不针对具体问题的解决，也不针对具体的工作内容，但是这些技能可以广泛地应用于工作中，提升团队成员的能力，提升团队的工作业绩。

### 三、授权制度：人员要求从粗疏到精细

**案例 6-8**

#### 令人羡慕的超细胞（Supercell）小团队

2016 年 6 月，腾讯发公告称，决定以 86 亿美元收购芬兰手游开发商 Supercell 84.3% 的股权，并保留 Supercell 独立的经营自主权。Supercell 究竟有何魅力，能让腾讯愿意花数十亿美元投资给一家仅仅成立了六年，公司规模不足 200 人的小公司？

答案是 Supercell 的团队协作机制。最接近用户的小团队处于顶层，它们彼此独立运行，在整个游戏的开发运营过程中有着绝对自主决策的权力，包括制定开发路线和目标，开发节奏、开发产品等，团队规模 5～7 人。高层管理者则把握发展的大方向，小团队之间的互相沟通，以及为开发者创造能够发挥他们最大能力的环境。Supercell 甚至不设置专门的人力资源和行政部门，管理层唯一需要干的"苦差"便是招聘到合适的员工。

Supercell 的小团队得到了极大的授权去解决问题和开发产品，使得该公司快速成长起来，成为业界传奇。

**思考**

Supercell 的小团队得到哪些授权？

**启示**

（1）制定开发路线和目标；（2）确定开发节奏；（3）明晰开发产品。

在 VUCA 时代，授权已经成为很多团队的标配，其实授权存在极大的风险，对团队成员的个人素质要求极高。第五章已经谈过建立授权制度的一些原则，这里想说的是，从发展趋势来看，**授权制度对团队成员的个人能力、价值观念和工作态度都提出了很高的要求。**

### 案例 6-9

## Supercell 的团队成员要求

由于 Supercell 的团队成员得到了极大的授权，这就增加了企业运营的风险，因此该企业明确地要求团队成员应具备的素质有：

（1）追求卓越的热情，注重高品质感的精神；
（2）积极主动、行动力强、高度自驱、自我领导；
（3）优秀技术、诚实、谦逊、尊重。

**思考**

为什么 Supercell 对团队成员的要求很高？

**启示**

因为团队得到了极大的授权，企业必须确保这些团队成员不会滥用自己手中的权力，以免给企业带来损失，因此，企业需要制度的保障、文化的跟进以及对团队成员的高要求。

---

通过 Supercell 的选拔依据，可以看出授权制度对人的高要求，未来的团队要想授权给一线团队成员，又要有效控制风险，必须能够选择合适的人。

**行动指南**

**1. 团队制度的发展变化受到了三大类因素的影响。**
（1）宏观因素：制度要对环境变化保持敏感；
（2）中观因素：制度要与团队的发展阶段保持一致；
（3）微观因素：制度要与成员的变化保持同频。

**2. 团队绩效制度需要发展与完善。**
（1）分工制度：专业化分工从点到面；
（2）激励制度：手段从单一到丰富；
（3）沟通制度：渠道从开放到受约。

**3. 团队能力提升制度需要与时俱进。**
（1）能力提升制度：内容从固定到灵活；
（2）人员培养制度：技能从简单到宽泛；
（3）授权制度：人员要求从粗疏到精细。

 测评

## 团队制度完善健康度测评

以下是对团队制度完善健康度测评，1= 非常不同意，5= 非常同意。制度的影响因素、绩效达成、能力提升三个维度可以分别计算平均分，平均分越接近 5 分，说明该维度健康度越高。如果平均分低于 3 分，则说明你需要花费时间和精力对该维度进行认真思考和设计，提升该维度的制度完善水平。

请根据你所带领团队制度规划的实际情况，对下面题目进行评估。

| 维度 | 测评题目 | 非常不同意 | 不同意 | 中立 | 同意 | 非常同意 |
|---|---|---|---|---|---|---|
| 影响因素 | 团队对社会环境、科技进步、组织变革、客户需求等宏观因素非常敏感 | 1 | 2 | 3 | 4 | 5 |
| | 团队依发展阶段明确制度的重点 | 1 | 2 | 3 | 4 | 5 |
| | 团体制度跟进团队成员需要 | 1 | 2 | 3 | 4 | 5 |
| | 该项平均分 | | | | | |
| 绩效达成 | 团队分工已经从专业化分工走向工作扩大化 | 1 | 2 | 3 | 4 | 5 |
| | 团队的激励手段不断丰富化 | 1 | 2 | 3 | 4 | 5 |
| | 团队对日益丰富的渠道有约束机制 | 1 | 2 | 3 | 4 | 5 |
| | 该项平均分 | | | | | |
| 能力提升 | 团队制度与赋能紧密联系在一起 | 1 | 2 | 3 | 4 | 5 |
| | 团队培养成员多样化的技能与广泛的能力 | 1 | 2 | 3 | 4 | 5 |
| | 团队为高素质人才提供广泛的授权 | 1 | 2 | 3 | 4 | 5 |
| | 该项平均分 | | | | | |

【结果分析与说明】

| | 4～5分 | 3～4分 | 3分以下 |
|---|---|---|---|
| 影响因素 | 团队管理者对影响团队制度的因素非常敏感，团队制度完全能够与时俱进 | 团队管理者对影响团队制度的因素比较敏感，团队制度能比较适应团队成员的发展 | 团队管理者对影响团队制度的因素不敏感，团队制度不能做到与时俱进 |
| 绩效达成 | 团队分工已经到工作扩大化阶段，激励手段不断丰富，沟通约束机制健全 | 团队专业化分工已经不适应团体的发展，激励手段不够丰富，沟通约束机制仍需健全 | 团队分工不适应团体的发展，激励手段贫乏，对沟通渠道缺乏约束机制 |
| 能力提升 | 团队制度与赋能紧密联系在一起，能培养成员多样化的技能与广泛的能力，为高素质人才提供广泛的授权 | 团队制度与赋能有联系，能培养成员多种的技能与能力，为高素质人才提供一定的授权 | 团队制度与赋能没什么联系，对成员能力的培养不够全面，不能做到授权给成员 |
| 完善健康度 | 团队制度完善健康度水平较高 | 团队制度完善健康度水平一般 | 团队制度完善健康度水平较低 |

# 第三部分
# 文化：团队的灵魂

# 第七章 有文化的团队才不是一盘散沙

在当今的中国，华为当属最好的民营企业之一。那么，华为为什么会成功？其中最重要的，也是最关键的就是彰显其核心价值观的团队文化：以客户为中心、以奋斗者为本，长期艰苦奋斗。

企业需要文化来凝聚人、团结人，作为企业的有机组成部分，团队需要文化吗？答案是团队也需要，在尊重企业文化的基础上，团队也可以通过团队文化来彰显自己的价值，通过团队的口号来鼓舞激励团队成员。十几年前有一部很优秀的电视连续剧《亮剑》，团队管理者李云龙为团队提出的"亮剑"精神就是独属于独立团的团队文化，这一文化支撑独立团走过抗战、走过解放战争，走向了新中国。在团队形成之初，可能团队管理者没有思考过团队的文化是什么，但是在团队发展的过程中，在团队成员长期磨合协作的过程中，团队就有可能形成自己独特的团队文化。

第七章 • 有文化的团队才不是一盘散沙

> 案例 7-1

## 唐僧师徒的磨合之道

三打白骨精时，唐僧师徒四人的取经团队刚刚组建，团队处于形成期，师徒四人的价值观截然不同，团队文化没有形成。四人之间的沟通不充分、合作不够默契，彼此缺乏信任。悟空火眼金睛，但性急，遇事不请示管理者；八戒贪色、偷懒、馋嘴，喜欢溜须奉承邀功，与悟空相互较劲内耗；沙僧老实巴交，不善于沟通，无法协调大师兄和二师兄之间的关系；作为管理者的唐僧虽然有坚定的信念，有明确的目标，但是缺乏管理经验和对敌斗争经验，不能够很好地听取不同意见，激励手段不足，管理方法也有问题，又有家长做派（动辄念紧箍咒）。这一切都造成了团队的管理失调，唐僧落入白骨精的魔爪也就顺理成章了。

所幸的是，团队有共同目标——到西天去取经，唐僧作为管理者有坚定的信念，这使得这个团队有了成功的基础，因此，经历了这场灾难后的取经团队，吸取教训，亡羊补牢，团队开始了良好的磨合，三位徒弟在团队的角色也逐渐清晰，相互信任的关系也逐步建立起来。最终西天取经团队经历九九八十一难后，取得了真经。

**思考**

西天取经队是如何有效地度过形成期，成为高绩效团队的？

**启示**

西天取经队做了如下努力：(1)团队有共同目标，团队管理者有坚定的信念；(2)三位徒弟的能力与角色互补；(3)团队成员有意愿相互协作；(4)团队管理者有良好的个人品质，能够团结三位徒弟，团队形成了良好的信任文化；(5)团队有大量的外部支持资源。

---

唐僧取经团队的成功告诉我们，从目标的角度来看，这个团队有共同的目标，同时也有相关的制度和角色分工，但是要想促使团队取得成功，不可或缺的还包括沟通、信任、协作这些"软性"的内容。这个案例提示团队管理者，团队文化也是团队成功的重要基础。

# 第一节 团队文化一点也不虚幻

成功的团队都在大谈特谈团队文化的重要性,比如华为的"铁三角"团队文化、美国海军陆战队的战斗文化,文化在团队管理中起到了非常关键的作用。那么,什么是团队文化呢?

## 一、团队文化是企业文化的下位概念

企业文化最常见的模型是洋葱圈模型(见图7-1)。由洋葱圈模型可以看出,企业文化可以分为四层。由内向外,分别是理念层、制度层、行为层和物质层。理念层主要包括企业的愿景、使命、目标和价值观;制度层主要包括规章、制度、流程;行为层用以规范企业员工的活动、仪式、日常行为;物质层指企业文化的象征物、英雄人物(代表文化的人)、故事和环境布置[52]。

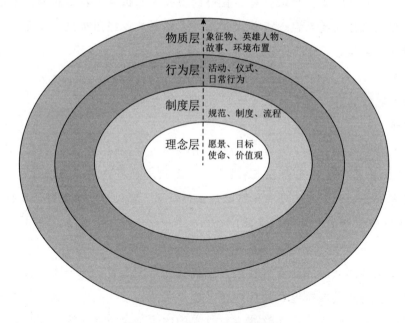

图 7-1 企业文化洋葱圈模型

企业文化既具有精神属性,又具有管理属性,能够与规章制度相辅相成,提高企业的管理效能,提升企业的管控水平。企业文化建设可以支持企业的战略转型，增强企业的凝聚力和向心力，提升企业效益和整体实力。不同企业的文化存在着巨大的区别，这与企业所在的行业、企业性质、企业生命周期、企业创始人的追求以及企业全体员工的共同追求有很大的关系。

### 案例 7-2

## 出早操的制造业企业

A企业是江苏一家很大的制造业民营企业，企业领导希望给销售团队重新定岗，决定通过培训后的考试成绩确定销售团队成员的岗级。

老师头天晚上赶到南京，得到负责接待的人力资源部通知："明天早上八点上课，七点一刻吃早饭"，时间规定到分钟。第二天早上六点，老师房间的电话突然响了，拿起电话，就有一个很严厉的声音说"起床了"，然后电话就挂掉了。这使老师感到非常纳闷，吃饭和上课的时间都规定好了，为什么还要规定起床的时间呢？于是，无心睡眠的老师决定早点起床去餐厅吃饭，当他七点十分赶到餐厅时，吃惊地发现，餐厅里已经摆好了热气腾腾的饭菜，餐桌椅摆设得非常整齐，墙上还悬挂着企业2018年的发展目标，但是却空无一人。感到奇怪的老师不好意思独自进餐厅，只好去周围逛了一圈，等五分钟之后赶到餐厅，就发现餐厅里已经人声鼎沸，每一桌都围满了人。

这是为什么？原来，这家企业是需要出早操的，早操的内容是晨跑五公里，早上打给老师的电话是提供叫醒服务的。

**思考**

该故事体现出企业怎样的文化特征？

**启示**

该故事体现出A企业"半军事化"文化的主要特征。

---

使用洋葱圈模型对A企业的文化特征进行分析是这样的：理念层的企业核心价值观是"奋斗、执行、高效"；制度层的规章制度之一是通过考试为销售团队定岗，促进他们更好地学习；行为层的活动是出早操、喊口号；物质层环境布置包括整齐的桌椅，墙上悬挂的发展目标。所以企业文化各层面之间的关系相辅相成、相互促进，缺一不可。

那么，团队文化与企业文化的关系是什么样的呢？首先，由于团队隶属于企业，因此团队文化的设立首先需要在遵守和执行企业文化的基础上进行，团队不可能脱离企业文化，为自己独创一个文化。其次，由于专业化分工的差异，不同的团队工作性质不同，因此团队也可以有自己的团队文化，团队文化是企业文化的下位概念，企业文化包含团队文化，团队文化是企业文化的亚文化。最后，不是所有的团队都需要自己的团队文化，如果团队共同认为企业文化就能够很好地代表团队文化，团队只需要执行企业文化就可以了，但是有些团队由于自身专业属性的影响，在企业文化的基础上，还需要倡导一些新的内容，这就进一步形成了团队文化。

## 二、核心价值观是团队文化的精神内核

由于团队文化是企业文化的亚文化，因此团队文化不需要具备企业文化的全部特征，也并不需要使用洋葱圈模型对其进行描述，团队文化最强调的是企业文化理念层的相关内容，强调的是共同的核心价值观，因此，团队文化是团队的精神内核。"企业的核心价值观是企业对本组织及其相关的人、事、物的意义及其重要性的基本评价与共同看法，更是判定企业大是大非问题的价值标准。"[53] 套用该定义，可以认为团队的核心价值观是团队对大是大非问题的判断标准，所以团队文化可以使用若干简洁的词汇来描述，如：奋斗、进取、协作、信任等，团队文化解决的是团队如何干的问题，什么能干，什么不能干，怎么干才是对的。

### 案例 7-3

#### 小 A 遭受了"文化冲击"

一位刚刚去某外企工作的学生小 A 给老师打电话吐槽，她在一家非常知名的世界 500 强高科技企业的人力资源管理部门，没想到刚刚去工作的第一天，她就受到了"一万点暴击"，原因是什么呢？

由于她的前任升职了，所以她有机会被招聘过来开展工作。小 A 入职的第

第七章 • 有文化的团队才不是一盘散沙

一天,第一个计划是与前任交接一下工作,没想到,前任冷冷地回答:"我都已经放到电脑里了,你有空自己看吧"。等到午餐的时候,她没有受到任何团队同事的邀约,所以根本不知道自己该去哪里吃饭。

一天工作下来,她感受到的不是接纳和友好,而是冷漠与竞争,她着实不能理解为什么一家世界500强的企业有这样的氛围,自己所在的人力资源管理团队成员之间不是合作而是竞争,小A也不知道自己能够在这个团队里坚持多久,她已经后悔为什么要从上一家公司离职了。

小A工作的上一家公司是一个小型的研究机构,这个研究机构工作不太忙,大家彼此的关系很好,常常约着一起去吃饭或者购物,小A感到这个工作挑战性不足,她害怕耽误自己的职业发展,想趁着年轻出来闯荡一下,因此果断离职。现在,小A特别怀念那些友好的同事,怀念跟他们在一起度过的愉快时光。

**思考**

为什么新入职的小A感到后悔?

**启示**

小A供职的小型研究机构的核心价值观是团结、协作、互助、友好,这种核心价值观既让小A喜欢,也让小A烦恼,因为团队的核心价值观是关系,对成就、成长、责任和挑战强调得不够,也是造成小A离职的原因。但是小A供职的外企则强调的是独立、竞争、能力和业绩,至于人际关系嘛,并不在企业的核心价值观当中。由于两个团队文化的巨大差异,给小A带来了"文化冲击"。

---

从上述论述可以给出团队文化的主要特征:(1)团队文化是团队的核心价值观,是团队的精神内核,因此团队文化可以使用几个核心关键词来表达,如"信任""协作"等;(2)作为核心价值观,团队文化会进一步约束团队成员的行为,形成团队的行为规范,因此行为规范是团队核心价值观的表现形式。本书所强调的团队文化是团队的核心价值观,行为规范则作为团队文化的表现形式,在团队文化管理的过程中加以塑造。

## 三、行为规范是团队文化的表现形式

由于团队成员在长期沟通协作的过程中，逐渐形成一些与其他团队不同的价值观、信仰和态度，每一个团队成员均以此为标准思考、行事和判断是非，由此进一步形成了团队共同认同的行为规范，这一行为规范会对全体团队成员的行为产生影响和约束，使他们产生相同或类似的行为，并进一步促进团队文化的发展。

**案例 7-4**

### 有些规矩是不能破坏的

"网红"李雪琴讲过这样一个段子，她刚刚参加工作的时候，发现工作群里的同事喜欢称呼其他人"亲爱的"，比如他们会说"亲爱的，文件发给你了，你赶紧看一下"，因为这样显得比较亲热，也更容易进行团队协作。于是，一次，李雪琴给团队管理者发了一个文件，然后@管理者说："亲爱的，文件发给您了。"可是这一次，她发现群里一片静默，再也没有人说话了。过了两天，团队管理者在群里发了一个红包，所有人抢完红包后@团队管理者说："谢谢爸爸"……

一位新入职的大学生参加了第一次团队会议，在会议即将结束的时候，团队管理者对会议做了总结发言，并客气地询问大家是否还有补充，所有的团队成员都表示管理者的总结非常到位。这时候新入职的大学生认为还有一些内容需要完善，于是在团队管理者发言后又补充了两点……

**思考**

李雪琴和新入职的大学生犯了何种错误？

**启示**

作为职场新人，他们对团队规范不够了解，每一个团队都有自己的行为规范，这些行为规范并不会明确地写进管理制度，会以一种"潜规则"的方式影响团队成员的行为。这些"潜规则"或行为规范是团队核心价值观的表现形式，得到了全体团队成员的认可。职场新人如果能够尽快了解并认同团队规范，就能够在团队顺畅地工作下去，反之则容易出现离职或被边缘化的可能性。

第七章 • 有文化的团队才不是一盘散沙

上述案例表明大部分团队都会遵守地位规范，研究表明，不管人处于什么样的文化环境中，遇到比自己地位更高的人，他们会采取更加尊重的口气进行沟通，遇到与自己地位相当或者比自己地位低的人，会使用相对比较亲密的语气说话，更像是跟朋友或者熟人聊天[54]。大部分人并不需要专门学习就能够理解这一规范，所以他们清楚地知道自己该如何称呼团队管理者，如何称呼团队其他同事，时间长了，作为团队文化的表现形式，这些行为规范就进一步固化了团队文化。

## 第二节 团队文化真的很重要

为了适应竞争激烈的市场环境，增强团队成员的工作积极性，团队需要打造一个能够凝聚全体成员的精神内核，帮助团队目标的实现，同时提升团队的核心竞争力。很多团队都将"制度"视作管理最重要的手段，但是繁多的制度也会带来以下问题：第一，规章制度过多会抑制团队成员的工作积极性，当团队成员发现自己的工作受到很多约束的时候，就会变得缩手缩脚。第二，过多的规章制度还会造成对客户响应速度过慢的问题，由于团队成员需要在内部处理大量与流程和制度相关的工作，无法快速对客户的需求做出反应。第三，再多的规章制度也难以管理团队存在的所有问题，比如团队可以要求团队成员有协作精神，但是很难将其写入规章制度，如果团队成员的每一个行为都需要得到规章制度的约束，那么团队成员基本上也成了制度下的机器人。

从某种意义上来说，团队文化是团队的"软"制度，有些无法用语言表达或者规定的文字内容可以归纳到团队文化中，对于团队而言，团队文化是灵魂所在，它可以在无形之中影响团队成员的行为举止，调动团队成员的工作积极性。

### 一、团队文化是高绩效团队的指南针

团队有了目标就有了发展方向，有了制度就有了行动约束，而有了团队文化才有了行动指南。在团队文化的激励和约束下，团队成员充分地了解自己在

团队中该做什么，不该做什么，哪些是团队的"红线"，无法触碰，因此，团队文化是高绩效团队的指南针，解决的是团队如何开展工作，怎样开展工作的问题。

### 案例 7-5

## 内网秒杀月饼事件

2016年9月13日，阿里"内网秒杀月饼事件"受到了大家的关注。中秋节为员工家人准备月饼是阿里的传统，每位员工都能分到一盒。当年的月饼因为造型可爱，受到大家欢迎，不少员工希望再多买几盒送给亲朋好友。为此，公司行政决定将为数不多的余量月饼通过内网面向员工以成本价销售，并临时开发了一个内部预定页面。

这时，安全部门团队的四名安全部程序员和一位阿里云盾安全的高级工程师使用脚本，多刷了133盒月饼。其中一名程序员说，写脚本的初衷是只想抢一盒月饼，由于一直没有成功跳转付款页面，所以狂点秒杀页面，最后才发现抢了16盒（未付款），然后就赶紧联系了行政部询问是否可以退。但是却因此牵扯出个人诚信问题、不当获利、违反企业价值观。

由于阿里巴巴的企业文化中有"因为诚信，所以简单"的核心价值观，所以对于此事，阿里巴巴的处理是：为了维护企业文化，决定当即开除公司安全部四位程序员。阿里云盾安全的高级工程师也于后期被辞退。

**思考**

阿里巴巴开除四位程序员的目的是什么？

**启示**

向全体员工显示维护企业核心价值观的重要性。

---

通过上述案例，可以看出，文化对全体成员的行为具有指引作用，哪些行为是可以被接纳的，哪些行为是不符合文化要求的，由于阿里巴巴的文化中对"诚信"的要求很高，因此，"秒杀月饼"的行为是无法容忍的，做出该行为的员工就需要付出被辞退的代价。

在团队中，会出现团队成员为达成工作目标不择手段的现象，尤其是当工作目标制定得不够合理,团队成员手中的资源有限,团队内部竞争压力过大,团队成员可能会不顾道德和企业文化的约束,做出一些短期迎合团队利益,但是长期损害团队发展的事情,有研究者将这样的行为称之为"亲组织不道德行为"。如,为了达成营销目标,向客户隐瞒产品潜在的问题;为了完成考核指标,向管理者隐瞒工作中存在的问题等。如何有效制止这些现象的发生,答案是使用团队文化,由于有些行为很难使用制度进行约束,这时候团队文化的精神内核就会对团队成员的行为产生约束作用,成为团队成员行动的指南。

## 二、团队文化是高绩效团队的催化剂

《孙子兵法》曾云:"道者,令民与上同意也,故可以与之死,可以与之生,而不畏危。"在这里,可以把"道"理解为团队文化,团队为什么成立,为什么努力工作,怎么努力工作,就是团队的文化,也是团队的"道"。当团队成员清楚地知道自己为什么而奋斗,自己的行为方式不仅符合本民族的文化要求、自己所在企业的文化要求,同时还符合团队文化的要求时,他们更清晰地知道该如何作为,如何才能为团队做出最大的贡献,因此,团队文化对团队成员还能够产生激励作用。

### 案例 7-6

#### 独立团的团队精神——"亮剑"

李云龙所带领的独立团的团队精神内核是"亮剑",对"亮剑"的具体诠释是:狭路相逢勇者胜。面对敌人不是能不能打的问题,而是敢不敢迎难而上,敢不敢拿出勇气亮剑。

应该说,这一精神内核给了独立团很大的影响。当李云龙决定攻打平安县城解救自己新婚的妻子时,给其中的一个连队提出的要求是在某一个要塞抵挡敌人的进攻,国民党部队的楚云飞愿意为该团队提供帮助,但是遭到了他们的拒绝,因为拿出"亮剑"的勇气对敌斗争是独立团所有成员的标签。

虽然抗战时期的独立团是一个连番号都没有的队伍,但是独立团的所有成员却认为自己是最"独特"的,因为他们的团长从来不打"没有利益"的仗,每次打仗都会精准计算"得失",打仗就要做到获得资源、提升队伍装备、让全体成员得到锻炼以及实际的好处,同时,一旦做出了"打仗"的决策,所有团队成员必须表现出勇气、自信和力量。

**思考**

对独立团而言,"亮剑"精神的作用是什么?

**启示**

给独立团每一位成员贴了一个标签,让他们知道自己与众不同,打胜仗、拿业绩是他们必须做到的。

---

通过上述案例可以看出,明确有力且被全体成员接纳的团队文化能够激励团队成员采取行动提升团队绩效,帮助团队取得更大的成功。

## 三、团队文化是高绩效团队的紧箍咒

团队文化对团队成员来说有指导和激励作用,但团队在构建自身价值观的基础之上同样要约束团队成员的思想以及行为方式。在团队的运行过程中,团队会要求自己的团队成员自觉地以团队文化为指导思想来约束自己的行为规范和价值准则,这些规范和准则并非强制性的约束,而是一种"软"约束。这种软约束的作用主要有两个方面:第一,以团队文化为基准约束团队成员之间的关系;第二,以团队文化为基准约束团队成员的行为。

### 案例 7-7

### 阿里的代考事件

2020 年 6 月 4 日,一个寻常工作日的下午,阿里内网上举行了一场面向全体员工的直播。直播源于一次实名举报。一位阿里钉钉 P9 级别(阿里较高的职级,P9 为资深专家)的女性中层干部被举报其在钉钉内部的传承官考试中(类似集团的价值观考试)找下属代考,其直属上级钉钉 CEO 陈航在内网上将这件事判定为员工手册中的二类违规行为,惩罚是扣除这位 P9 一年的股票和年终奖。

陈航的处理不仅没有平息争议,反而遭到了更多阿里员工的抗议。有人在内网留言说，代考事件突破了公司的诚信红线，属于一类违规，应直接开除。抗议的呼声越来越高涨。最后，阿里不得不举办圆桌会议，公开讨论这一事件。在直播的过程中，一条弹幕引起了所有人的关注："低P碰红线，低P没了；高P碰红线，红线没了；高P碰考试，考试也没了。"

**思考**

为什么代考事件必须得到公开讨论，不能私下解决？

**启示**

当全体员工认同企业文化时，文化就产生了约束作用。不仅约束员工，也约束管理者。

---

一旦文化明确地表达出来，就会对员工的行为产生约束作用，员工清楚地知道自己不该做什么。如果"诚信"真的很重要，那么阿里就应该做到一视同仁，不应该由于职级的差异区别对待，阿里的员工使用阿里文化对公司提出的抗议就体现出文化的约束作用。同样，团队文化对团队成员的个性也具有约束作用，团队文化规范团队成员的日常行为，同时团队的核心价值观也约束团队成员个人的价值观。

结合上述内容，可以看出，团队文化的作用主要是如上三种作用：导向作用、激励作用以及约束作用（见图7-2）。团队文化能对团队整体和团队每个成员的价值取向及行为取向起引导作用，而激励作用则是对导向的价值和行为取向进行激励，约束作用对团队成员的思想、心理和行为进行约束和规范。[55]

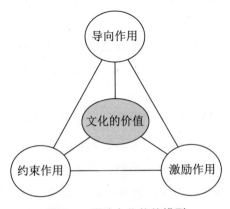

图7-2 团队文化价值模型

## 第三节　学会打造高绩效文化

由于团队的组成首先是为了完成工作任务、达成工作目标、实现工作业绩，因此，团队文化在构建的过程中必须关心的是任务的完成。其次，团队是由人组成的，团队管理者希望通过团队成员的共同努力和相互协作，让团队发挥出"1+1≥2"的效果，团队必须关注团队成员的关系问题。因此，在构建团队文化时，推荐使用下述模型（见图7-3）。

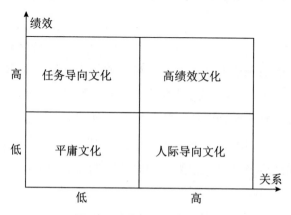

**图 7-3　团队文化分类模型**

根据团队文化分类模型，可以将团队文化分为四种类型：平庸文化、任务导向文化、人际导向文化以及高绩效文化。

平庸文化：团队成员之间缺乏信任、沟通和协作；团队成员自己也缺乏责任感，无进取和成长的意愿。

任务导向文化：团队按任务流程设置岗位，团队成员在自己的本职岗位上尽职尽责，不断进取成长，业绩也不错，但团队成员间很少甚至不沟通，缺乏协作、信任。

人际导向文化：团队成员间充满信任，也不乏沟通、协作，但绩效不高。数年前，笔者的一位学生曾经在中部某省的地方医院工作，该医院的工作效率低下，工作量很小，同事关系非常不错，但是却没有什么业绩。这位学生难以忍受这一眼就能够看到头的日子，选择辞职考学出来见识更大的世界。

高绩效文化:团队成员有责任心,有创新意识和成长意愿;团队成员间充满信任,沟通顺畅,协作高效,绩效通常超预期。如何打造高绩效文化是本部分内容的重点。

由于团队文化是企业文化的亚文化,强调的是团队的核心价值观,因此,在本小节,笔者将通过两个维度、六个关键词告诉大家如何打造高绩效文化(见图 7-4)。

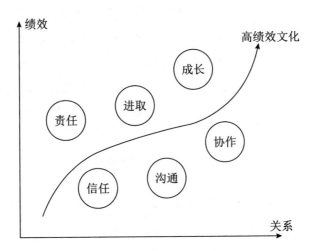

图 7-4 高绩效文化模型

## 一、绩效维度关注责任、进取和成长

在绩效维度,选择"责任、进取、成长"来描述团队所应具有的绩效文化特征。

**第一,责任带来绩效。**第二章强调过人类存在"自我服务偏见"的现象,人类天生会把成功归于自己,失败归于他人,推卸责任是人类的本能之一。因此,在很多团队都会出现这样的现象,当团队遇到问题时,团队成员往往互相推诿,把失败归咎于别人的责任,就算是自己的失误造成的,也很少会主动承担责任,为团队的失败埋单。一旦团队成员出现推卸责任的现象,则全体成员都会很快学会这一点。

案例 7-8

## 凡事错不在我？！

笔者曾经为南方某电视台做过一些人力资源管理节目，节目制作团队给我留下了深刻的印象。做完节目要开复盘会。在一次节目后的复盘会上，作为团队管理者的节目制片人率先发言，他首先指责了导播："为什么在专家发言的时候，摇臂机器没有给专家特写镜头？"导播委屈地回答："今天现场只有我一个现场导演，没有人支持我的工作，我非常忙，所以没有顾上这些细节。"管理者一听感觉自己无言以对，于是又对主持人发话："为什么今天你总是说错话？降低了录制效率！"主持人淡定地看了团队管理者一眼说："今天的手卡不知道是谁写的，里面错别字特别多，说错了也不能赖我啊！"

**思考**

通过案例的描述，可以发现该团队存在哪些问题？

**启示**

（1）团队内部缺乏责任文化的构建，造成团队成员喜欢推卸责任；（2）团队缺乏清晰的职责分工，每一位团队成员不十分了解自己应该做的工作，当然会选择做清闲的事情；（3）团队缺乏必要的绩效考核制度，做多做少没有很大的区别，只能靠成员自觉；（4）团队管理者的管理能力有限，除了批评指责以外，缺乏其他管理手段。

---

这样的团队并不鲜见，每次只要管理者批评团队成员，大家总会有各种各样的理由证明自己没有问题，错不在自己，这样的团队是很难产生高绩效的，因为团队成员喜欢推卸责任。而在高绩效团队里，每个成员都清晰地知道自己的工作责任，知道如何做好自己的工作，以及自己要达成什么样的工作目标。责任感是每个团队成员必须具备的，责任感常常会纠正人的狭隘性，当团队成员徘徊于迷途的时候，它会成为最可靠的向导。一个具备高绩效文化的团队，在工作过程中分工合理明确，每个团队成员在自己的岗位都会坚守，尽职尽责。

**第二，进取促进发展。** 作为团队管理者或团队成员，必须保持强大的进取精神，团队才能不断取得进步。团队成员如果没有进取心，团队就会永远停留在一个水平上，正如鲁迅先生所说，"不满是向上的车轮"。社会之所以能够不断发展进步，一个重要推动力量，就是因为拥有这只"向上的车轮"，也即进取之心。进取心不仅决定了团队成员自己所能达到的人生高度，也决定了团队所能达到的事业高度，当团队渴望取得更大的成就，向更高的目标不断迈进的时候，团队才能够不断挖掘自己的潜能，体现出更大的价值。研究表明，一个高绩效团队，90%以上的团队成员都具有进取心。

**案例 7-9**

## 皮克斯团队的非凡业绩来自进取心

艾德·卡特姆是一位有进取精神的管理者，这位性格温和、一脸络腮胡、有着警觉眼神的72岁的老人，是皮克斯公司的联合创始人和总裁。世界上其他电影制片厂都希望偶尔创造出一部大片，而皮克斯团队具有非凡的进取心，每隔一段时间就创新出一部大片。1995年以来，它已经出品了17部主题电影，平均每年获利5亿多美元，获得了13项奥斯卡大奖。皮克斯团队的非凡业绩来自团队管理者强烈的进取心。

**思考**

艾德·卡特姆的进取精神给团队带来怎样的影响？

**启示**

一个有强大进取精神的管理者，首先会为团队注入一种永不满足的团队精神；其次，会设置极高的挑战性目标，不断督促团队成员突破自身的极限；最后，会带领团队不断成长和进步。

**第三，成长完善认知**。团队成员有自己的认知边界，团队也有认知边界，不断打破认知边界，才能够促使团队取得更大的成长。成长，顾名思义就是团队在达成目标的基础上，不断进步，提升团队能力，向更高的绩效迈进。

**案例 7-10**

## 成长无边界的纸媒团队

某著名出版公司有一个纸媒团队，专注出版经济和管理类优秀书籍，团队的愿景目标是"为读者带来最有价值的经管类书籍"。为此，团队付出巨大的努力挖掘好的素材、好的书籍和好的作者。

随着数字化时代的到来，该团队逐渐意识到，只有纸媒是不够的，因为读者现在可以通过微信读书、京东读书、喜马拉雅有声书等渠道获得优质图书，纸质书不方便携带，价格也较贵，已经被年轻的读者所放弃。怎么办？团队没有故步自封，选择投身到数字化的浪潮中去，他们不仅持续出版优质的纸质书，同时通过有声书、微课、系列课等方式占领数字化市场，他们打开自己的业务边界，积极与各种平台开展合作。按照团队管理者的话说：在不断成长的过程中，团队逐渐意识到，虽然消费者不断放弃传统媒体，但是只要我们保持成长的态势，不为自己设限，就会有无限的成长空间。

**思考**

该案例说明成长文化给团队带来怎样的影响？

**启示**

团队要想不被时代抛弃，必须不断成长。

## 二、关系维度强调信任、沟通与协作

在关系维度，选择"信任、沟通、协作"来描述团队所应具有的关系文化特征。

**第一，信任是基础**。在当今社会，没有任何人能够靠独自一个人的力量取得成功，团队也是如此，当团队成员相互信任，彼此协作的时候，团队才能取得成功，信任是团队关系文化的基础。

什么是信任呢？定义五花八门，非常复杂，用管理大师——通用电气前首席执行官杰克·韦尔奇的话："当你感觉到它的时候，你就知道它是什么了。"简单点说，信任就是信心。信任的反面就是不信任，不信任就是怀疑。当团队成员选择信任其他成员时，就是对该成员的能力、忠诚、价值取向有信心。当团队成员之间建立信任关系时，他们的沟通会更加顺畅，沟通的效率也会更高。此外，研究表明，信任度下降时，效率下降而成本会上升。信任度增加时，效率上升而成本会下降。

第七章 • 有文化的团队才不是一盘散沙

> **案例 7-11**
>
> ## 信任提升收购效率
>
> 沃伦·巴菲特曾经以 230 亿美元从沃尔玛手里收购了麦克雷恩供货公司。一般来说，如此规模的收购通常要用几个月的时间，花费数百万美元的会计师费、审计费、律师费等来审查确认所有的文件。但这次收购，因为双方彼此有着高度的信任，达成协议只用了一场两个小时的会议和一次握手。在不到一个月的时间里，交易过程就完成了。
>
> 在公司 2004 年年报里，沃伦·巴菲特写道："我们没有做所谓的尽职调查，我们知道沃尔玛所提供的情况都是真实的，事实证明确实如此。"
>
> **思考**
>
> 该案例说明信任的何种作用？
>
> **启示**
>
> 信任可以降低交易成本。

因此，形象地说，信任是团队业绩的乘数，高度信任就像制作面包用的酵母，催生团队业绩膨胀。在团队中，高信任度可以大大改善所有成员间的沟通、协作、执行、创新等。

**第二，沟通是纽带**。沟通是团队文化的内涵之一，如果团队成员间不互相沟通，可能会带来以下的问题：（1）由于缺乏沟通造成团队成员彼此不够信任，相互猜忌，带来团队无法协作的问题；（2）缺乏沟通造成信息无法有效传递，团队成员缺失有效的信息完成自己的工作，会造成工作业绩的下降；（3）缺乏沟通还会带来团队内部谣言满天飞的现象，由于团队成员需要大量的信息才能有效地完成自己的工作，如果团队内部缺乏有效沟通，则团队成员会设法四处寻求相关信息以满足自己对信息的需求，这时候就会出现各种传言，这些传言对团队发展有可能产生负面作用。

### 案例 7-12

## 缺乏沟通造成的翻船悲剧

有三个人搭乘一条渔船渡江去做生意,船至江心,忽遇暴风雨,渔船摇摆不停。在这危急时刻,船家利用多年的水上经验,立刻出来指挥船上的人,他以不容反驳的口气命令一位年轻的小伙子骑在船中的横木上,以保持平衡。

他又指挥其他两个人摇橹。可是水势过于凶险,而且船上装的大多是布匹和农产品,很容易吸水增加重量,为了保住船身不下沉,必须把船上多余的东西扔掉,船家想都没想就把小伙子的两袋玉米扔入江中,把正在摇橹的两个人带来的布匹和农产品扔了下去。

两个摇橹的人发现唯独留下了船家自己带来的一个沉重的箱子,两人很生气,于是问都不问,合伙将那个沉重的木箱扔进了水里。木箱一离船,船就像纸一样飘了起来,失去控制,撞到了石头上,所有的人都被甩到了急流中。那两名摇橹的人万万没想到,被他俩扔入水中的木箱里面装的是用来稳住船的沙石。没有了稳定船的木箱,船就会翻。本来大家可以渡过难关的,却这样被葬送江中了。

**思考**

翻船的责任应该谁承担?

**启示**

虽然错误是由两个年轻小伙子造成的,但作为经验丰富的船夫,并没有做到有效沟通,既没有向大家解释原因,也没有了解大家的疑惑,导致其他人的误解,造成了悲剧的发生。

---

团队的良好沟通,是促进团队和谐发展的重要手段,没有沟通就没有合作,没有合作就没有信任。可以说,缺乏沟通的团队是失败的团队。通过良好的沟通,促使团队成员合理利用个人或团队资源,沟通协调处理团队内部事务,激发调动团队成员的积极性,以达到实现团队的共同目标和团队的和谐发展。

**第三,协作是灵魂。**与个体工作相比,团队工作的主要特征是团队协作,团队要想真正发挥"1+1≥2"的作用,必须在全体团队成员的协作方面下功夫,

第七章 • 有文化的团队才不是一盘散沙

只有实现了有效的团队协作，团队才能够真正产生效率，提升团队绩效。

### 案例7-13

## 法律事务团队：协作精神难兑现

小王姑娘在大学取得法律硕士学位后，来到一家国有企业的法律事务部工作。法律事务部团队有15位成员，其中女同志居多。法律事务部的团队管理者肖总是一位40多岁的女士，浸润职场多年，工作雷厉风行，很有执行力。结合法律事务的工作特点，肖总在团队内部一贯强调"认真、合规、协作、奋进"的团队精神。

工作了一段时间后，小王姑娘逐渐发现，法律事务团队的真实氛围与肖总说的相去甚远。一次，小王姑娘因为刚来公司不太了解业务，想跟一位老同事请教一个业务问题，这位老同志什么都没有说，就给她甩了一堆资料。小王看了两天，看得头晕眼花，终于根据这些资料的内容整理出一个报告给肖总。没想到，到了肖总那里被骂得狗血喷头，因为小王是拿着过期的材料写的报告。小王想了很久，不明白这位老同志是自己也不知道材料过期了还是故意给了她过期的材料，不管怎么说，老同志的做法跟协作精神之间差异很大。

**思考**

为什么肖总强调的团队精神没有落到实处？

**启示**

肖总只是口头传递了该团队精神，没有使用制度以及其他管理举措落实该团队精神，同时，也缺乏必要的文化建设手段落实该团队精神。

---

小王所在的团队虽然强调团队协作，但是在真正执行的过程中，却很难体现出团队协作的精神，当然这里既有团队管理者的问题，也有团队成员的问题。作为团队管理者，团队文化不只是使用语言进行表达的，需要贯彻到实际工作中去，当团队管理者鼓励大家团队协作时，需要在实际工作中具体落实团队协作的行为，如经验丰富的团队成员对年轻团队成员的"传帮带"，团队内部的资源共享等。作为团队成员，当团队鼓励团队协作的时候，也应该具体体现在

自己的行为中,比如,小王在向老同志请教问题的时候应该清楚表达自己的观点,作为经验丰富的团队老同志,也应力所能及地帮助其他团队成员,这才是体现协作精神的一种方式。

上述案例说明,虽然团队管理者可以提出明确的团队文化,但是并非管理者提出明确的团队文化,团队成员就会全部认同并操作执行。下一章将讲述团队文化如何执行落地。

行动指南

**1. 团队文化是团队的精神内核,是团队成员共同认同的行为规范。**

(1)团队文化强调的是企业文化理念层的相关内容,即核心价值观,因此,团队文化是团队的精神内核;

(2)团队成员在长期沟通协作的过程中,逐渐形成一些与其他团队不同的价值观、信仰和态度,每一个团队成员均以此为标准思考、行事和判断是非,形成了团队的共同认同的行为规范。

**2. 团队文化是团队的"软"制度,在理念层面引导团队成员的价值取向,在行为层面也会约束团队成员的行为。**

(1)团队文化是团队成员的行动指南;

(2)团队文化对团队成员产生激励作用;

(3)团队文化对团队成员的行为具有约束作用。

**3. 正确理解高绩效文化,使团队发挥出"1+1≥2"的效果。**

(1)从绩效维度和关系维度来认知高绩效文化;

(2)绩效维度关注责任、进取、成长;

(3)关系维度强调信任、沟通、协作。

测评

# 团队文化设计健康度测评

以下是团队文化设计健康度测评，1=非常不同意，5=非常同意。团队文化的设计原则、绩效维度、关系维度可以分别计算平均分，分数越接近 5 分，说明该维度的设计健康度越高。如果分数低于 3 分，则说明在该维度你需要花费时间和精力去优化设计你的团队文化。

请根据你所带领团队的实际情况，对下面题目进行评估。

| 维度 | 测评题目 | 非常不同意 | 不同意 | 中立 | 同意 | 非常同意 |
|---|---|---|---|---|---|---|
| 设计原则 | 团队文化有别于组织文化，能解决组织文化中理念层的具体问题 | 1 | 2 | 3 | 4 | 5 |
| | 构建团队文化的目的是增强团队成员的凝聚力、向心力 | 1 | 2 | 3 | 4 | 5 |
| | 团体文化为团队指引方向 | 1 | 2 | 3 | 4 | 5 |
| | 团体文化对团队成员有激励作用 | 1 | 2 | 3 | 4 | 5 |
| | 团队文化约束团队成员的行为 | 1 | 2 | 3 | 4 | 5 |
| | 信任、责任心是团队的关键要素 | 1 | 2 | 3 | 4 | 5 |
| | 该项平均分 | | | | | |
| 绩效维度 | 所在团队出现问题时，团队成员勇于承担责任，不互相推诿，人人有担当 | 1 | 2 | 3 | 4 | 5 |
| | 所在团队 90% 以上团队成员有进取心 | 1 | 2 | 3 | 4 | 5 |
| | 不断打破认知边界，促使团队取得更大的成长 | 1 | 2 | 3 | 4 | 5 |
| | 谈起你的团队，有满满的自豪感、成就感 | 1 | 2 | 3 | 4 | 5 |
| | 该项平均分 | | | | | |
| 关系维度 | 团队成员互相信任，沟通顺畅，沟通效率高 | 1 | 2 | 3 | 4 | 5 |
| | 团队成员彼此信任，沟通良好、高效 | 1 | 2 | 3 | 4 | 5 |
| | 作为团队成员，当团队鼓励协作的时候，也应该具体体现在自己的行为上 | 1 | 2 | 3 | 4 | 5 |
| | 作为团队成员，时常感觉到被尊重 | 1 | 2 | 3 | 4 | 5 |
| | 该项平均分 | | | | | |

【结果分析与说明】

| | 4～5分 | 3～4分 | 3分以下 |
|---|---|---|---|
| 设计原则 | 团队文化规划能充分考虑到团队自身特色及管理理念的具体问题，对团队目标达成起到积极作用 | 团队文化规划能考虑到团队自身特色及管理理念的具体问题，对团队目标达成起到一定作用 | 团队文化规划没有考虑到团队自身特色及管理理念的具体问题，对团队目标达成没有起到作用 |
| 绩效维度 | 团队成员非常有责任心、进取心，有学习成长意愿和创新意识。团队完全具备高绩效团队关键特征 | 团队成员很有责任心、进取心，学习成长的意愿和创新意识较强。团队基本具备高绩效团队的关键特征 | 团队成员缺乏责任心、进取心，没有学习成长的意愿和创新意识。团队不具备高绩效团队的关键特征 |
| 关系维度 | 团队成员彼此绝对信任，沟通高效、合作顺畅 | 团队成员之间有较高的信任度，沟通较高效、合作较顺畅 | 团队成员之间信任度低下，沟通意愿不强、合作意识不强 |
| 文化设计健康度 | 高绩效文化团队 | 任务导向或绩效导向文化团队 | 平庸文化团队 |

# 第八章 缺乏行动的文化是无稽之谈

上一章的最后举了一个企业法律事务部的案例，虽然团队管理者倡导"认真、合规、协作、奋进"的团队文化，但是在实际操作过程中，该团队文化没有有效地落地执行，团队成员依然是我行我素，这时候的团队文化就成为一纸空文，没有任何意义，还有可能遭到团队成员的鄙视。因此，团队文化要落到实处，才能够真正对团队的管理起到指导、激励和约束的作用。本章将首先阐述团队文化如何落地，其次从"绩效"维度和"关系"维度两个方面来阐述团队具体应该做些什么，才能保证高绩效文化在团队生根发芽。

## 第一节 团队文化落地遵循四大原则

本小节依然使用上一章结尾的法律事务部团队文化建设的案例来说明，如何确保团队文化落地。为什么法律事务部的肖总提出的"认真、合规、协作、奋进"团队文化没有得到全体团队成员的支持，也没有在团队成员心中落地生根呢？最主要

## 第八章 • 缺乏行动的文化是无稽之谈

的原因是肖总提出的团队文化只是落实在纸面,团队成员并不十分理解这些核心价值观的含义,也不清楚这些价值观对团队、对个人的意义有哪些,以及自己应该如何在实际工作中落实这些核心价值观。其实,肖总的案例在很多团队中都不鲜见,很多团队管理者阅读了一些关于团队管理的书籍后,也给自己的团队提出了一些看似高大上的名词来表示自己团队的核心价值观,无奈的是这些核心价值观无法落地执行,只能束之高阁。因此,要想确保团队文化能够落地执行,团队管理者应该按照以下四个原则行事。

### 一、团队管理者以身作则

作为团队管理者,要想确保团队文化能够在团队中得以有效地实施,团队的管理者要做到"以身作则、率先垂范",以自身行为引领团队成员的行为。团队管理者首先是团队文化的"实践者"和团队文化落地的"推进器"。如果团队管理者自己都不能自觉践行团队文化,那么,他们就无法要求团队成员在实践中按照团队文化的要求去做,团队文化也就无法获得团队成员的认同,团队文化落地执行的效果就会变差。当团队倡导某种核心价值观时,这些核心价值观会进一步指引团队成员的行为,但是当团队管理者没有遵守这一核心价值观时,团队成员也会尝试违犯该价值观,因为从团队管理者那里,他们已经找到了违反这一价值观的理由。以考勤为例,许多团队强调"责任"文化时都会对团队成员出勤有一定的要求,但是如果团队管理者不能很好地执行,团队成员也就会把出勤当成儿戏。

**案例 8-1**

#### 与员工一起拉练的管理者

某制造业企业为提升产品的质量水平,在企业内部推行严格的"军事化管理"文化,以"忠诚、服从、执行"为其核心价值观。为了更好地落实该核心价值观,在新员工培训时,企业通过野营拉练的方式锻炼员工的耐力。每一次拉练历时一天,行程30公里,需要越野跑、爬山、涉水以及穿越森林。每一次拉练就好像魔鬼训练,会让新员工叫苦不迭。

每一次拉练前，主管副总裁都会给大家打气鼓劲儿，而且会全程跟随大家训练，看到50岁"高龄"的主管副总裁都有这个劲头儿，新员工也就打消了叫苦叫累的想法。

**思考**

50岁"高龄"主管副总裁为什么要亲力亲为？

**启示**

只有当管理者以身作则，员工才会认真执行企业文化的要求。

---

团队管理者的以身作则，使得文化的实施能够推进下去。因此，当法律事务部的肖总提出的"认真、合规、协作、奋进"团队文化时，她自己应该率先做到。如：要求团队成员"奋进"，她首先需要严于律己，给自己的工作提出高标准、严要求；要求团队成员"合规"，她就不要给团队成员提出一些超出规定的过分要求。**只有团队管理者认认真真、扎扎实实地按照自己提出的要求去执行，团队成员才会真正意识到，管理者不是说说而已，而是要实实在在地执行，团队成员也就会认真对待了。**

## 二、团队制度成为保障

第四章到第六章谈到团队制度对团队管理的重要作用，团队制度不仅能够保障团队目标的有效达成，还能够保障团队文化的有效落地执行。在团队文化落地执行的过程中，很可能会遭到部分团队成员"暗戳戳"的抵制，团队管理者怎样才能确保文化落地，并打造高绩效文化呢？答案是要有制度的保驾护航。凡是团队文化倡导的，都可以在团队的管理制度中有所体现。

### 案例 8-2

**文化需要来自制度的保障**

2015年下半年，当希拉里和特朗普的竞选达到高潮时，很多人都对希拉里寄予厚望，但是彼时的希拉里却被"电邮门"事件羁绊住了手脚。起因是希拉里使用私人邮箱发送了大量邮件，这些邮件中包含很多绝密信息，且被黑客破

# 第八章 · 缺乏行动的文化是无稽之谈

解,造成了信息的泄露。希拉里因此承担了很大的压力。最终的解决方案是:将责任归咎于竞选团队的某一个小人物,由于他错误地传递信息鼓励了团队成员使用私人邮箱发送邮件的行为。试想一下,如果希拉里当时能够坚持自己不使用私人信箱发送邮件,也有相关的制度限制竞选团队对私人邮箱的使用,"电邮门"事件可能就不会轻易发生。"电邮门"事件说明,团队要有相关的文化约束,同时要落实到制度,团队管理者也要身体力行地执行文化和制度的要求[56]。

早期的联想,高管开会经常迟到,工作作风比较懒散,文化中体现得更多的是自由散漫,这对企业的发展非常不利。为了扭转这一现象,打造高效执行的文化,柳传志做了一个规定,如果开会迟到就要罚站5分钟。一次,一位德高望重的高管开会果然迟到了,按照规定,他被罚站5分钟。柳传志当时汗都冒下来了,但是也必须坚决执行这一规定。会后,他找到这位高管,给对方站了5分钟,表示尊重。

**思考**

为什么文化需要得到制度的保驾护航?

**启示**

因为文化是核心价值观,是团队中"软"的约束,如果没有"硬"制度的保护,仅靠团队成员的自觉性,未必会得到有效执行。

---

**一旦团队文化与团队制度有了联系,就会引起团队成员的极大关注,因为制度往往会决定团队成员的收入、奖惩、升迁等个人极为关注的问题。**当肖总想要真正执行"认真、合规、协作、奋进"的团队文化时,她可以考虑将这些核心价值观设计到团队的绩效考核指标中。在团队中,经验丰富的团队成员不愿意给年轻的团队成员提供帮助,固然是缺乏团队协作精神的表现,但是从利益的角度来考虑,可能对年轻团队成员的帮助会耽误老成员的工作,使得他的绩效表现变差,尤其是当团队成员之间存在竞争关系的时候,团队成员之间进行团队协作的可能性就会极度变小。在绩效考核的时候,肖总可以将经验丰富的团队成员对年轻团队成员的帮助转化为考核指标之一,将团队协作的行为设计到考核中去,就将极大增加团队成员之间互帮互助的行为。

## 三、行为准则规范成员行为

第七章谈到团队文化的重点是核心价值观，核心价值观会形成团队成员的行为规范，影响团队成员的行为。当团队管理者在团队中倡导某种核心价值观的时候，需要进一步在团队中形成一些行为准则，指引团队成员的行为。

### 案例 8-3

#### 你该穿什么颜色的衬衫？

《谁说大象不能跳舞》的作者路易斯·郭士纳在20世纪90年代曾任万国商业机器公司（IBM）的总裁，当时的IBM发展颓势十分明显，已经被多个财经作家判断为回天乏力了。郭士纳在书中记载，他上任后第一次开会时穿了蓝色衬衫，而所有的高级总裁都穿着白色衬衫；数周后，当他们第二次开会的时候，郭士纳改穿了白色衬衫，而高级总裁们则改穿了蓝色衬衫。开会时，所有的总裁都带着行政助理，这些行政助理负责记笔记、观察以及给管理者们递条子。郭士纳还发现，虽然IBM是一家电脑公司，但是所有高级管理人员的桌上都没有摆设电脑。

一切迹象表明，当时的IBM已经是一家"大企业病"十分严重的公司，所有的管理人员都唯上司马首是瞻，官僚主义严重，内部斗争激烈。于是，郭士纳很快在公司内部提出了一些自己的基本管理哲学，其中包括："我很少有等级制度的观念。无论是谁，也无论其职务高低，只要有助于解决问题，大家就要在一起商量解决。要将委员会会议和各种会议减少到最低限度。取消委员会决策制度。让我们更多一些坦率和直截了当地交流。"[57]

郭士纳不是简单地将自己的管理哲学归结为几个词汇，比如平等，而是非常具体地将平等拆解为行为规范——共同商量、减少会议、直截了当地沟通。同时郭士纳在公司内部身体力行，通过他和团队成员的共同努力，IBM终于走出困境，重建辉煌。

**思考**

郭士纳为什么要将自己的管理哲学拆分为行为规范？

# 第八章 • 缺乏行动的文化是无稽之谈

**启示**

管理哲学是高度概括的内容,按照第三章的说法,是高水平解释,员工理解起来存在一定困难,只有将高水平的解释转化为低水平的行为规范,员工才能够清晰地理解自己应该秉承怎样的行为。

由于核心价值观是一些比较抽象的字眼儿,团队管理者必须把这些抽象的文字转化为具体的行为准则和行为规范,用以规范团队成员的行为。当肖总要执行"认真、合规、协作、奋进"的团队文化时,她还应该考虑将团队文化转化为一些具体的行为准则,比如,在开会时希望大家少说:"这事不归我管""这事我不清楚""这事跟我没有什么关系"等,以提升"协作精神"。通过具体的行为规范的要求,团队成员会比较清楚地知道自己该做什么,不该做什么,时间久了,行为准则就形成了行为习惯,团队成员会感到执行这些行为是习以为常的事情,团队文化就会深入人心了。

## 四、标杆指引成员行为

**榜样的力量是无穷的,它既能使团队成员体验到典范行为的真实性和可实践性,又能带动团队成员共同行为的发展。** 在建设团队文化的时候,要充分重视榜样的作用,通过树立起优秀的典型模范,通过对模范事迹的宣传来激励和感染团队成员,推动团队成员的行为自律、行为自觉和行为改善,促进团队文化水准的快速提升。

### 案例 8-4

### 委屈巴巴的新员工

一次课间,有位年轻姑娘小赵来找老师,诉说了她的委屈。她在一家企业工作三年了,已经连续两年被评为"优秀员工",这本来是好事,但是现在全部门 80 多位同事,已经没有人跟她说话了。小赵所在的团队是负责渠道工作的,部门里老同志比较多,在工作中比较人浮于事、得过且过,每天能"摸鱼"就"摸鱼"，整个团队的氛围是不思进取、不谋发展。小赵觉得自己还年轻，有发展前途，不希望像这些老同志一样"混日子"，因此工作很勤奋，每天早出晚归，认真对待自己的工作。由于她工作认真负责，得到了团队领导的极大认可，因此连续两年成为优秀员工。但是小赵的努力与团队其他成员的得过且过形成了鲜明对比，给他们带来很大的压力，因此小赵便成了团队里的"另类"，也成了团队成员孤立的对象。

**思考**

为什么被全团队孤立的小赵会连续两年评为"优秀员工"？

**启示**

小赵的领导显然希望通过树立榜样的方式打破团队现有的"潜规则"——不思进取、得过且过。但遗憾的是，团队管理者没有提出具体的团队文化规则，也没有采取制度、行为规范等措施来执行团队文化，仅仅希望通过一个年轻的姑娘孤身奋斗来改变整个团队的"潜规则"，这对小赵来说是不公平的，也说明团队管理者的管理能力着实堪忧！

---

在团队文化落地的过程中，树立标杆和榜样是团队管理者可以使用的一种方式，但绝不是唯一的方式。树立榜样的目的是给全体团队成员明确标杆，让团队成员清楚地知道自己努力的方向，以及团队认可的行为有哪些。当肖总要执行"认真、合规、协作、奋进"的团队文化时，也可以考虑树立榜样和标杆。在年终评比时，将那些认真执行团队文化的团队成员树立为标杆。不过需要注意的是，标杆和榜样的评比应该是一个公开的过程，公开地讨论有助于团队成员进一步明确到底哪些行为值得鼓励，哪些行为应该引起大家的不齿。团队管理者最好不要私自做主或者暗箱操作，将标兵、榜样的称号给某些自己认为合适的人。没有公开地讨论，团队成员依然无法明确地知道团队到底鼓励的是什么，反对的是什么，标杆和榜样也就失去了团队文化建设的作用。

下面的两个小节将具体讲一下绩效维度"责任""进取""成长"和关系维度的"信任""沟通""协作"如何落地实施。

# 第二节　文化的绩效维度紧盯目标

第七章强调了绩效维度的"责任""进取""成长",在团队文化落地实施的时候,团队应该如何具体操作,才能保证这三个核心价值观落地呢?

## 一、责任文化的落实:团队管理者要约束自己的控制欲

### 案例 8-5

#### 累得半死的销售部经理

笔者访谈过外企的销售部钱经理,其中一个问题是这样的:请描述一个您在管理工作中非常失败的案例,并说明其原因。钱经理 30 多岁,人长得精明强干,他是这样回答的:

"我因为销售业绩好,在两年前被提拔为销售部经理,公司给我的销售目标是 1 亿/年。第一年当团队管理者,自己最看重的是销售业绩的达成,于是在年初的时候,就把潜在客户和潜在项目好好盘点了一下,发现最大的客户能够给我们一个 2500 万的项目,第二大的客户应该能够贡献 2000 万的业绩。于是,我勇担重任,把最大的两个项目都放到自己的名下,毕竟自己是本团队销售能力最强的人。其他的项目根据情况分配给各团队成员。到年底的时候,我们的销售目标达成了,但是我感觉自己非常累,因此,我想培养几个能力强的团队成员承担更大的责任。

"没想到,年终奖金拿到以后,我想培养的团队成员纷纷提出了离职的要求,留下来的都是我觉得不能干的团队成员,他们不仅不能干,而且还在工作中越来越唯唯诺诺。我感觉自己越来越累,内心的怨气也越来越大,我认为自己的管理工作相当失败,自己真不适合当团队管理者,还是直接做业务对自己比较合适。"

**思考**

为什么勤奋努力的钱经理留不住人?

**启示**

（1）无法约束自己过强的责任心；（2）没有摆对自己的位置，把自己当作最强的销售而不是团队管理者；（3）缺乏培养人的意识，不会培养人；（4）没有打造团队的责任、协作文化。按照本书的观点，钱经理把所有能犯的错误都犯了，但是最最重要的是钱经理要放下自己的控制欲。

---

相信钱经理吐露了很多人的心声——自己累死累活地为团队努力工作，但是很多团队成员却一点儿责任心都没有，就等着看团队管理者"出丑"！这是为什么？好像团队是管理者一个人的，跟团队成员都没有任何关系一样，责任心为什么那么差呢？团队管理者到底该如何打造绩效文化，如何培养团队成员的责任心呢？

其实，团队管理者的这种心态是误读了团队成员，人为地把团队成员放到了自己的对立面。按照能力守恒定律——不同形式的能量在传递和转换过程中守恒，同样，团队管理者与团队成员所承担的责任也是守恒的，当团队管理者承担了过多的责任，团队成员就会选择少承担责任[58]。时间长了，团队管理者变得越来越忙，怨言越来越大，而团队成员也并不开心，因为在他们心目中团队管理者是一个"控制欲"过强的人，不仅剥夺了他们成长的权力，也影响了他们职位晋升的机会。这就是为什么钱经理团队中能干的团队成员纷纷选择离职，不能干的团队成员变得越来越不愿意承担责任的原因。一句话，原因出在团队管理者身上，而不是团队成员身上，因此，要想打造责任文化，培养团队成员的责任心，团队管理者应该做以下三件事。

**第一，重大问题决策的群策群力。**很多团队管理者都喜欢自己独立做出决策，由团队成员来负责执行，毕竟一个人的决策速度更快，而且团队管理者也都是"能人"，再说，主要责任不就是应该团队管理者承担吗？这样说貌似对，但是拿到决策的结果去执行的团队成员是如何思考的呢？也许他们更了解自己的工作，更了解客户的情况，简单地去执行团队管理者的决策结果，可能会让他们不愿意承担自己的工作责任——你是管理者你说了算，我就是帮你干干而已。这样，管理者其实就把团队所有的责任揽到自己身上，团队成员又把责任卸下来了，这样非常不利于培养团队成员的责任心。

**第二，管理自己过多的控制欲望**。在生活中有这样的现象：当父母特别"能干"的时候，孩子就会表现得很懒散、不思进取；相反，当父母表现得"能力不够强"的时候，孩子反而有很大的动力承担家庭的责任，为家庭做出更多的贡献。俗语说"穷人的孩子早当家"就是这个道理。在团队中也是这样的，团队管理者必须学会约束自己的"控制欲"，时刻提醒自己，在团队中并不是只有自己才是最负责任的，不一定只有自己才是了解团队工作全貌的，也不一定只有自己才能做好团队工作。事实上，一位团队管理者曾经很失落地告诉笔者：自己生病请假了两个星期，回来以后团队该做什么做什么，工作一点儿没耽误，看来自己也没有那么重要！因此，培养团队成员责任心最大的敌人是团队管理者自己，团队管理者学会约束自己的"责任心"，才能够更好地让团队成员显示他们的责任心。

**第三，与团队成员讨论责任承担的程度**。团队管理者还应该知道，不是只有"承担责任"和"不承担责任"这两个选项，实际上，在二者之间还可以有很多其他的选项存在（见图8-1）。

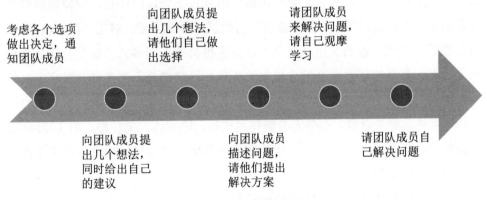

图 8-1　责任承担程度[52]

图8-1显示，团队管理者可以跟团队成员讨论工作责任的承担程度。讨论责任承担的目的不是决定由谁来负责，而是应该对责任进行分配，从而使分配给各方的责任都与他们的能力相符，这是能充分利用每个人的决策能力的重要方法。随着讨论次数的增加和讨论深度的延伸，团队管理者应该尽可能地做到"少"承担责任，最大限度地培养团队成员的责任心。

## 二、进取文化的执行：了解团队成员的诉求

最近在互联网上有两个词非常流行，一个是"内卷"，一个是"躺平"。用通俗易懂的话来说，"内卷"就是竞争不断加剧，年轻人必须付出更多努力，才有可能过上与自己父母当年同样质量的生活，清华毕业教小学生，北大毕业去街道工作其实就是所谓"内卷"的结果。"躺平"则指的是，由于竞争十分激烈，年轻人实在太累了，所以他们选择不参加竞争了，通过不奋斗、不结婚、不生子、不参与竞争的方式表达自己的反抗。部分年轻人有"躺平"的心态，还导致大学教授出来循循善诱地告诉大家不应该"躺平"。从带领团队的角度来说，"躺平"确实不利于团队打造进取文化，而且"躺平"还具有示范效应，只要团队内部一个人"躺平"，就会有更多的人选择"躺平"。那么，团队管理者应该如何做才有利于打造团队的进取文化呢？

**第一，充分了解团队成员的诉求，以诉求激励团队成员的进取之心**。关于如何更好地生活，每一个人都有自己的看法。曾经有一位教授，为了给出国上大学的孩子挣学费，选择去企业开讲座。但是过了一段时间后，他发现自己更在意的是能否得到尊重，有些企业会觉得他讲得非常实用，对工作的启发很大，而有些企业则觉得他的讲座马马虎虎，其实也就那么回事儿。这位教授认为自己无法有效判别哪些企业会给他更大的尊重，最终选择不再继续开讲座了。这个案例说明，能够激励团队成员进取心的影响因素是非常复杂的。有些人喜欢金钱，有些人看重尊重，有些人希望得到成长，还有些人关注稳定的工作环境。团队管理者有必要着手了解一下团队成员的诉求，满足团队成员的诉求是激励团队成员进取心的重要方法。

**第二，鼓励团队成员关注自身的长期发展**。几年前，笔者曾经给一些毕业10年以上的MBA学生分享过"中年危机"的话题。现在的职场35岁以上就意味着缺乏竞争力，很多企业在招聘的时候会列出年龄条件。为什么职场"35岁+"的人会快速丧失自己的优势呢？首先是薪酬待遇高，随着年龄的增长，这些职场人士的薪酬待遇在不断增加，对企业来说"性价比"在不断下降；其次是工作激情下降，很多人工作时间久了以后，工作日益缺乏热情，开始过着"做一天和尚撞一天钟"的生活；最后是思维定式过多，影响创新精神，年纪慢慢

增加以后,很多人开始有了"我吃的盐比你吃的饭都多"的心态,在工作中墨守成规,不愿意创新。

有"中年危机"困惑的职场人士往往是年轻的时候没有明确自己的职业生涯目标,缺乏职业生涯规划,也不愿意付出努力的人。35岁是一个很尴尬的年龄,毕竟还没有到可以退休养老的阶段,上有老下有小的生活给他们带来很大的经济压力,一旦出现"中年危机"就意味着他们不得不接受更差的工作、更低的收入、更随波逐流的生活。团队管理者有机会通过分析"中年危机"这样的话题,帮助团队成员关注自己的长期发展目标,与团队共同成长,也是一种激励进取心的方式。

**第三,创造条件发展团队成员个人能力**。当团队成员个人能力得到有效提升,并且这种提升能够被他们真正看到的时候,他们会更有成就感,这种成就感也会带来进取精神。提升团队成员个人能力的方法包括:从事新的项目、从事更有挑战性的工作、从事创新的工作、承担更大的工作责任、鼓励团队成员学习与自我提升、为团队成员创造外出学习与参加行业峰会的机会等。第二篇已经讲述了很多人员培养的制度,这些制度也可以在团队文化建设的过程中发挥作用。

## 三、成长文化的贯彻:不要害怕失败

正如每一个人都有自己的舒适区,每一个团队也有自己的舒适区。一旦团队在某些方面取得成功,团队就会不断固化自己的成功,定位自己的角色,长期停留在舒适区,导致团队不愿意拓展自己的边界,去定义更大的成功。而团队一旦丧失了成长的动力和勇气,就很难持续为企业创造价值、为客户提供最优质的服务,自身的地位也会岌岌可危。对此,团队管理者应该保持高度的警惕,这也是为什么团队管理者需要在团队鼓励成长文化的重要原因。时代在变化,技术在进步,竞争对手在前行,客户的需求也日益个性化,只有保持不断成长的心态,团队才能取得更大的成功。那么团队管理者如何打造成长文化呢?

**第一,鼓励团队成员拓宽社交网络**。当团队成员将自己主要的工作精力放在本职工作上,他们构建的社交网络是比较狭窄的,因此听到的往往是基本雷同的旋律、大同小异的观点。一旦打开自己的社交网络，新鲜的思想和别出心裁的创意就会源源不断涌进来。当团队成员尽可能地去吸纳、消化各种相互冲突的观点，并且保持开放的心态与他人进行交流时，就会对外面的世界有更加精准的认识，也能够得到更多的成长，不会故步自封。两位美国商学院的教授统计了1999—2000年的学术文献，发现被引用最多的文献往往是传统理论与标新立异观点的"混血儿"[59]。

第二，重新定义失败。每当想起失败，大多数人想到的是什么？"痛苦""悲伤""难过""气馁""丧气"，这些都是消极情绪，人类不喜欢失败，是因为失败带来太多的消极情绪。但是如果换一个角度看待失败，人在失败中学到的更多还是在成功中学到的更多呢？大多数人会回答：失败。是的，可能每一次成功都需要具备N个条件，成功的时候很少有人会想到成功需要具备的条件，但是每一次失败，都会让人进一步思考哪些条件是自己不具备的，下一次如何努力才能让自己具备这样的条件。因此，没有失败，只有成长。亨利·福特曾经说过："失败只是重新开始的机会，而这次你会更加明智。"当团队面对失败时，团队管理者应该鼓励大家去思考：从这次失败中学习到了什么，这次失败对团队的发展与未来有什么启迪？

**案例 8-6**

## 失败 1000 多次的爱迪生

据说，当年爱迪生实验电灯泡的灯丝时失败了1000多次，有人曾经好奇地问爱迪生："你是怎么做到失败1000多次都不气馁的？"爱迪生回答说："我失败了吗？我每一次都成功地发现某一种物质不能做灯丝！"

**思考**

爱迪生对成功的定义与其他人有什么区别？

**启示**

成功地发现某事不行，某物质不适合，某人不恰当，强调的是成长与学习。

第三，鼓励大胆探索。笔者有一个缺点，就是每当学生或者同事提出一个新的观点时，我常常会告诉他们："又开始异想天开了！"每当回忆起来自己

第八章 • 缺乏行动的文化是无稽之谈

的这个言辞，笔者都感到非常惭愧，其实，人类的进步就是来自于大胆的异想天开。人类希望自己能够像鸟儿一样自由飞翔，于是发明了飞机；人类希望自己摆脱繁重的家务劳动，于是发明了种种替代人类工作的电器。为什么不能容忍其他人的大胆想象和探索呢？现在，笔者会选择对那些"胡思乱想""胡言乱语"保持镇定，常常在内心告诉自己，说不定有一天，他们说的事情能够实现呢！

在团队中，团队管理者要想鼓励不断成长的团队文化，也最好能够保持一个开放的心态，鼓励大胆探索。团队管理者具体可以如何去做呢？最近在国内开始流行的即兴喜剧是这样表演的。在表演过程中，演员接续上一位演员的表演，妙语连珠，每位演员的表演都基于上一位演员所说的或所做的。他们不用否定句式，而是说"是的，然后……"或者说"可以，假如……"。也许，当团队成员有一个大胆的想法时，团队管理者也可以考虑使用这样的句式来鼓励成员不断探索与成长。

## 🏆 第三节　文化的关系维度强调团队成员的发展

第七章强调了关系维度的关键词是"信任""沟通""协作"，在团队文化落地实施的时候，团队也需要思考具体操作，才能保证这三个核心价值观落地。

### 一、信任文化的打造需要身体力行

信任是可以改变一切的力量，信任所带来的效率是最高的。如果没有信任，沟通合作就没有了基础。任何一个高效团队的文化，最关键的、最根本的要素就是信任。

在团队文化中，信任是不可以回避的要素，那么作为一个团队，如何构建团队信任文化呢？先从一个真实发生的故事讲起吧。

> 案例 8-7

### 歇斯底里的财务部经理

财务历来都是企业管理者最关注的部门，小 C 在某大型企业的财务部门工作，但是谈起财务部门的团队管理者，他就止不住地叹气。这位财务部领导在财务部门工作已经超过 20 年了，从普遍员工到财务主管最终升职成为财务部经理，带领整个财务管理团队的 40 多人服务于企业。

可能是由于早年这位团队管理者有着不幸的童年经历，他总是表现得比较多疑，加之又从事了财务这个需要谨慎小心的工作，日益加重了他对团队的不信任。比如，有一次，一位团队成员出差在外给他打电话，他突然听到"咔哒"的声音，就很紧张地问："你是不是在做电话录音？"诸如此类的事情层出不穷。

他本人多疑的性格，造成了团队内部很高的沟通成本，团队成员之间也彼此提防，不管干什么先想着把自己的责任摘干净，做什么都给自己留下足够的证据，因此团队管理的效率低下，团队内部纷争不断，以至于企业领导多次对该团队进行点名批评。

财务团队的管理者一直没有发现问题出在自己的身上，一旦被领导批评就会恼羞成怒，回到团队就会拍桌子、打板凳、吹胡子瞪眼，搞得团队成员更不敢说话了。

**思考**

信任程度低是财务管理团队工作效率低下的原因吗？

**启示**

肯定是，信任程度低造成了团队内部协作程度差，沟通不顺畅等诸多问题，信任对团队至关重要。

---

一个团队，建立信任文化至关重要。在上面的案例中，财务管理团队没有构建信任文化，造成了工作效率低下，沟通成本过高的问题，这充分说明：失去了信任就失去了沟通合作的基础。对于一个团队管理者来说，首要的工作就是激发信任。信任可以释放出团队成员的潜能和创造力，可以创造出一个高信任度的团队环境，使团队成员有效地沟通合作[60]。

**第一，鼓励公开透明与直率地交流**。很多团队管理者喜欢使用"信息不对等"

## 第八章 • 缺乏行动的文化是无稽之谈

来对团队成员进行管理,由于自己掌握了更多的有价值的信息,能够看到更多更远的事物,因此指挥和决策也就会显得更加高明。典型案例就是《三国演义》中的诸葛亮,将士出征的时候,他不提前进行沟通,反而使用了若干锦囊,要求将士在某一个具体的地方才能够打开这个锦囊。虽然这只是小说中的描写,不代表现实中的诸葛亮,但是也足以显示部分领导者对"信息不对等"的喜爱。其实在信息化时代想使用"信息不对等"来管理团队成员是成本很高的事情,而且不利于培养团队成员。君不见"鞠躬尽瘁死而后已"的诸葛亮为什么让杜甫发出了"出师未捷身先死,长使英雄泪满襟"的感叹呢?团队管理者在团队内部鼓励公开透明的沟通,可以降低沟通成本,培养信任文化,也可以更好地培养团队成员。

很多人在沟通的时候都摈弃"直率"一词,因为"直率"代表着"不够尊重人""不给人留面子",所以在沟通的时候采取迂回策略、拐弯抹角地说话是常见的现象。但是在团队中,这种方式不仅增加了沟通的成本,也降低了建立信任的速度。因此,团队管理者首先自己要做到身体力行地使用直率的方式进行沟通,怎样做到直率地沟通但是却不伤害人呢?**很简单,做到对事不对人就可以了。不管沟通什么样的事情,都只针对事物表达自己的观点,而不是进行人身评价。**

**第二,表现尊重与忠诚**。按照"信任账户"的说法,信任就好像是储蓄,更多的储蓄带来更高的信任,那么团队应该在"信任账户"里储存哪些东西呢?首先是尊重,在工作中,"表达尊重"的行为是建立在尊重、平等、善意、爱心和礼貌的原则基础上的,按照心理学的黄金准则:你希望别人怎样对待你,自己就要怎样对待别人"。**团队管理者要在团队内部鼓励彼此尊重,不要通过高压、喊叫或者动辄批评的方式开展工作**。只有"信任账户"有了很多的储蓄之后,在工作中才可以提取账户的储蓄用于提升团队工作的绩效。

表达忠诚是另外一个增加"信任账户"储蓄的方式。试想一下,如果团队成员选择在背后说其他人的坏话,团队如何打造信任文化呢?要表达忠诚,团队管理者在团队管理中要首先做到:把功劳归给相应的团队成员,就是承认团队成员在取得成果中做出的贡献。通过归功于团队成员,团队管理者不仅认可了成员所做贡献的价值,而且可以鼓励全体团队成员以更加合作的态度、更具创新的精神在团队中工作。团队成员会更愿意分享自己的想法。信任就会成倍地增长。其次,团队管理者要做到:当某一个团队成员不在场的时候也像他在场一样去谈论他。不仅自己要身体力行,也要鼓励所有团队成员这样做。

**第三,明确责任与期望**。在管理的过程中,要明确团队成员的责任,而团队管理者首先自己要负起应有的责任。当团队内部出现问题时,团队管理者首先需要反思自己的所作所为,而不是推卸责任与指责他人。当团队管理者切实承担起责任后,在团队内部就会逐渐形成负责任的信任文化。

当每一个团队成员承担了自己的责任后,团队管理者还需要明确对每一个工作职位的期望与要求。就每一个团队成员的工作职责和工作成果,团队管理者和他们要达成共识,让团队成员明确自己对他们的期望。同样,团队管理者也应该向团队成员征求意见,了解团队成员希望团队管理者在工作中扮演怎样的角色。这样的沟通对建立信任是非常重要的。

**第四,信守承诺并取得成果**。一般来说,信守承诺是最重要的建立信任的方法,作为团队管理者,只要承诺的事情就一定要做到,因为每一个团队成员都会关注团队管理者的一言一行。团队管理者不仅要实现自己的承诺,也应该在团队内部推行该行为规范。

一旦在承诺的基础上取得成果,团队管理者就更能够赢得团队成员的信任,因为一切信任都是建立在结果的基础上,团队成员不仅关心团队管理者说了什么,也关心团队管理者做了什么,更关心的是实现了什么。

## 二、沟通文化的落地:努力做到坦诚

**案例 8-8**

### 谷歌的"TGIF"

TGIF(Thank God it's Friday),意思为"感谢老天爷,终于熬到了星期五"。谷歌在 1998 年成立之后就逐渐形成了在公司内部每周五开一次全员大会的传统,以此保持公司信息传递的透明度,让员工知道公司本周有哪些重大进展,会上员工还可以向创始人拉里·佩奇、谢尔盖·布林或其他高管提出问题,双方进行坦诚沟通。

**思考**

"TGIF"在管理中的作用是什么?为什么管理者应该与员工进行坦诚沟通?

**启示**

在坦诚的沟通中,员工体会到了被信任感,从而进一步加强了主人翁意识,同时,在坦诚沟通的过程中,员工对工作也会有比较强烈的控制感,这种感受能够提升员工的自信心,也能让员工明确自己该做什么,产生什么样的价值。

很多管理者喜欢操控员工,认为员工了解过多信息不利于管理,希望通过信息不对称增加自己的管理优势,但是处于网络高度发达的今天,员工得到信息的渠道多种多样,管理者在沟通时遮遮掩掩,只会促使员工产生更多反感,让管理效果大打折扣。

---

在团队中,也存在着大量无法有效沟通的现象,一旦团队无法有效沟通,则会产生严重的后果。据说,当年苏联红军已经打入柏林,希特勒仍然被蒙在鼓里,因为他只要一听到坏消息就会暴跳如雷,被吓惨的下属们只好编造各种假信息给希特勒,让他生活在虚幻的胜利中。希特勒了解事实真相以后,已经无路可走了。因此,团队管理者有必要在团队内部打造坦诚沟通的文化,那么团队管理者应该做些什么呢?

**第一,假定积极意图**。心理学中有一个效应被称为"皮格马利翁效应",该效应源于一个古希腊的神话故事。一个叫皮格马利翁的国王酷爱雕像,一次,他雕塑了一个完美的女人,由于他倾注了大量的心血,因此他爱上了这座雕像,他告诉自己,如果这个雕像可以变成真人该多好,自己一定会娶这个女人的,故事的最后,雕像果然变成了人,于是他们幸福地生活在一起。

这个故事所描述的现象被心理学家完美地进行了解读:当团队管理者对团队成员施加了积极的期望和要求,团队成员果然会按照团队管理者的期望行事,取得成就。当团队成员指出团队工作中的问题,或者坦率地提出自己的想法或者进行批评的时候,大多数团队管理者都会假定这位团队成员在难为自己,或者是看不起自己。在这种思想的主导下,团队管理者很难不变得怒气冲冲,情绪表现在脸上也就是理所当然的事情。

因此,**要想在团队内部建立坦诚的沟通氛围,团队管理者听到坏消息或者批评指责的时候,应假定团队成员是为了维护团队的利益,希望团队取得成就**

而提出自己看法的。

第二，**包容不同的观点**。很多管理者不喜欢听见不同的声音，认为不同的声音代表着抵制，代表着团队不愿意执行管理者的决策，其实倾听不同的声音，包容不同的观点不仅对打造沟通文化很重要，对团队管理者形成正确的决策同样重要。

### 案例 8-9

## 用规则鼓励畅所欲言

给学生讲课的老师应该如何扮演自己的角色？是一个高高在上的专家还是一个平等沟通的分享者？相信老师们都会回答后者。但是在实际教学的过程中，有多少老师能够做到这一点呢？

一位给企业高管做培训的老师是这样跟学员沟通的："我非常欢迎来自于你们的观点和不同意见，因为我很想知道企业到底在发生什么样的管理问题，不过我有一个建议给大家，请不要使用反问句发言，你可以说：'老师，我的看法是这样的'，或者'老师，我有一点不同的想法'，但是请不要说：'老师，你觉得你说的对吗？！'"

每次老师说到这里，大家都会会心一笑，然后在课堂中他们会随时提出自己的问题或者看法，但是这些问题不一定需要老师来回答，当老师打造了开放的课堂环境后，很多学员都愿意就提出的问题发表自己的看法。

**思考**

老师的策略能不能为团队管理者所用？

**启示**

团队管理者也可以将这个做法引入团队会议中，团队管理者先明确规则，比如：请不要抱怨；请不要互相指责；在提出问题的时候，最好给出自己的思考；等等。然后，就可以鼓励大家畅所欲言。在团队成员发言的过程中，团队管理者能够获得大量来自团队成员珍贵的想法，并最终拿出好的决策。

第三，**减少说"不"的次数**。在讲授"压力管理"课程的时候，笔者常常教学员要学会说"不"，尤其对那些不重要也不紧急的事情，要学会授权给其他人。但是在构建坦诚的沟通文化时，则建议团队管理者减少说"不"的次数。

## 第八章 • 缺乏行动的文化是无稽之谈

### 案例 8-10

## "猪湾事件"教给肯尼迪什么？

肯尼迪总统曾经因为"猪湾事件"丢了很大的脸，这件事也使他意识到，在决策的过程中，如果仅仅听取一方的意见，会使自己输得很惨，因此，肯尼迪改变了自己的决策方式——在做决策前多听听反对者的意见。

肯尼迪曾经遇到的第二个危机事件是"古巴导弹危机"，据说当时苏联在古巴部署了针对美国的导弹，不仅专家们是这样说的，而且侦察机拍摄的照片也是这样显示的，在距离美国的佛罗里达州仅几百公里的地方有导弹威胁着美国的安全。

肯尼迪决定多方听取意见，他要求自己的专家团队做出多种解决方案，每一个人都进行了充分的发言，在讨论的过程中，不考虑地位的高低和职位的大小，每一个人都可以畅所欲言。为了避免给团队成员压力，肯尼迪选择不出席部分会议，或者即使出席会议也选择尽量少发言。最终团队的解决方案即避免了美国面临的危机，也没有伤害两国关系，成功地解决了问题。

**思考**

比较两次决策的主要差异在哪里？

**启示**

|  | 猪湾事件 | 古巴导弹危机 |
|---|---|---|
| 解决方案 | 1个 | 多个进行比较 |
| 会议规范 | 职位高低决定发言的时间和顺序 | 每一位参与会议的人拥有同样的发言权力 |
| 是否进行评价 | 会对每一个人的发言进行评价 | 不评价任何人的发言，充分发言后再做评估 |
| 是否引入充分的证据和数据 | 否 | 是 |
| 是否存在群体压力 | 是，一旦多数人同意某一观点，反对者选择沉默 | 否，每一个人都可以畅所欲言 |
| 是否存在高层领导的压力 | 是 | 否 |

团队管理者过早地提出自己的想法或者过多地否定团队成员的意见，会造成团队成员缩手缩脚，无法提出自己的想法，也会造成部分团队成员不愿意承担责任的现象。

## 三、协作文化的推进：避免单打独斗

案例8-11

### "铁三角"的服务

某电信运营商政企客户行业业务单元对团队协作的要求很高，为40家重点客户配置铁三角固定服务人员，由1个客户经理、1个技术经理、1个售后经理组成服务铁三角（见图8-2）。客户经理是面向重点客户服务的总牵头人；技术经理是面向重点客户关于技术问题的第一界面人，负责组织整合内外部资源，牵头制定整体解决方案，将方案分解为具体内外产品和能力，牵头推动整体项目的实施与交付，并将了解到的客户对产品的使用需求反馈给产品部门；售后经理是面向重点客户关于售后服务的第一界面人，负责交维项目的售后服务工作，负责重点客户的业务咨询、故障受理、后续跟进、处理反馈，协调推动重点客户的故障投诉处理。

图8-2 "铁三角"服务小组

客户经理带领小组进行客户项目识别；锁定以后，技术经理开始整合内外部资源，牵头制定解决方案，组织投标，中标后牵头组织实施与交付；售后经理负责运维支持。

**思考**

"铁三角"服务小组如何做到效率最大化？

## 第八章 • 缺乏行动的文化是无稽之谈

**启示**

（1）服务小组机动、灵活、分散，人数非常少、非常机动、非常分散，能够对客户需求及问题进行快速分析处理，并确定如何进行精准服务；（2）服务小组成员水平高，每个人都是本专业内的专家，并且小组成员之间专业互补，小团队价值最大化；（3）三人互相支持有效协同。

---

"铁三角"服务小组告诉我们，团队的成功不是靠单打独斗，需要成员之间的大量协作。"协作"是团队不同于个体工作的最大特点之一，团队管理者打造"协作"文化，才能更好地发挥团队"$1+1 \geq 2$"的效用。

**第一，搭建协作体系**。要让团队的产出大于个体投入的总和，就必须发挥每个人锦上添花、众人拾柴的价值，激起团队协作，将 1+1=2 的物理反应引导为 $1+1 > 2$ 的化学变化。因此，要实现组织的发展，就要构建团队协作的基础，提升成员的协作意识。

**第二，了解团队成员**。锻造团队协作文化，首先要综合考虑团队成员的知识、技能、经验、性格、潜能的互补性，尤其是潜能，团队协作中的化学变化往往是通过激发潜能实现的。

**第三，培养团队协作意识**。没有团队协作意识、缺乏团队合作精神，团队无法形成整体，共同作战。管理人员需要对团队成员进行协作意识的宣导和培养，激发团队成员协作的动机，实现齐心协力。

**第四，建立规范的业务监管流程**。建立游戏规则，尤其是绩效管理体系和关键节点、里程碑的管控，促使团队沿着目标管理的主线发展，做到重结果更重过程。

**行动指南**

**1. 团队文化必须在实际工作中落地。**

（1）作为团队管理者，要确保团队文化能够在团队中有效实施，团队管理者要做到"以身作则、率先垂范"，以自身行为引领团队成员的行为；

（2）要有制度的保驾护航，凡是团队文化倡导的，可以在团队的管理制度中有所体现；

（3）当团队管理者在团队中倡导某种核心价值观的时候，需要进一步在团队中形成一些行为准则，指引团队成员的行为；

（4）通过对模范事迹的宣传来激励和感染团队成员，推动团队成员的行为自律、行为自觉和行为改善，促进团队文化水准的快速提升。

**2. 文化的绩效维度紧盯目标。**

（1）落实责任文化：重大问题决策要群策群力，管理控制欲望，与团队成员讨论责任；

（2）执行进取文化：以团队成员的诉求激励团队成员的进取之心，鼓励团队成员关注自身的长期发展，创造条件发展团队成员的个人能力；

（3）贯彻成长文化：鼓励团队成员拓宽社交网络，重新定义失败，鼓励大胆探索。

**3. 文化的关系维度强调团队成员的发展。**

（1）打造信任文化：鼓励公开透明与直率地交流，表现尊重与忠诚，明确责任与期望，信守承诺并取得结果；

（2）落地沟通文化：有效沟通，营造团队良好氛围；

（3）推进协作文化：搭建协作体系，了解团队成员，培养协作意识，建立规范的监管流程。

 测评

## 团队文化执行健康度测评

以下是团队文化执行健康度测评，1= 非常不同意，5= 非常同意。团队文化的执行原则、绩效维度、关系维度三个维度可以分别计算平均分，分数越接近 5 分，说明该维度的执行健康度越高，如果分数低于 3 分，则说明在该维度你需要花费时间和精力去优化执行你的团队文化。

请根据你所带领团队的团队文化实际情况，对下面题目进行评估。

| 维度 | 测评题目 | 非常不同意 | 不同意 | 中立 | 同意 | 非常同意 |
| --- | --- | --- | --- | --- | --- | --- |
| 执行原则 | 团队领导能做到"以身作则、率先垂范" | 1 | 2 | 3 | 4 | 5 |
| | 团队文化能有效地执行，有团队制度保驾护航 | 1 | 2 | 3 | 4 | 5 |
| | 团队领导有自己的行为准则和行为规范，用以规范团队成员的行为 | 1 | 2 | 3 | 4 | 5 |
| | 通过树立起优秀的典型模范，通过对模范事迹的宣传来激励和感染团队成员 | 1 | 2 | 3 | 4 | 5 |
| | 该项平均分 | | | | | |
| 绩效维度 | 从来不错过任何选举权利 | 1 | 2 | 3 | 4 | 5 |
| | 与人相约从不迟到，生病也不例外 | 1 | 2 | 3 | 4 | 5 |
| | 重大问题群策群力 | 1 | 2 | 3 | 4 | 5 |
| | 管理控制欲望 | 1 | 2 | 3 | 4 | 5 |
| | 讨论责任担当 | 1 | 2 | 3 | 4 | 5 |
| | 以诉求激励团队成员 | 1 | 2 | 3 | 4 | 5 |
| | 鼓励关注团队成员自身的长期发展 | 1 | 2 | 3 | 4 | 5 |
| | 创造条件发展团队成员个人能力 | 1 | 2 | 3 | 4 | 5 |
| | 容错，鼓励大胆探索 | 1 | 2 | 3 | 4 | 5 |
| | 该项平均分 | | | | | |

续表

| 维度 | 测评题目 | 非常不同意 | 不同意 | 中立 | 同意 | 非常同意 |
|---|---|---|---|---|---|---|
| 关系维度 | 团队领导发挥自己的魅力,激发信任 | 1 | 2 | 3 | 4 | 5 |
| | 团队有能力重建失去的信任 | 1 | 2 | 3 | 4 | 5 |
| | 团队成员相互敞开心扉,团队领导充分授权 | 1 | 2 | 3 | 4 | 5 |
| | 团队成员间90%以上的沟通是有效沟通 | 1 | 2 | 3 | 4 | 5 |
| | 团队信任氛围浓厚 | 1 | 2 | 3 | 4 | 5 |
| | 团队有合理的协作体系 | 1 | 2 | 3 | 4 | 5 |
| | 团队成员间配合默契,有协作意识 | 1 | 2 | 3 | 4 | 5 |
| | 该项平均分 | | | | | |

【结果分析与说明】

| | 4～5分 | 3～4分 | 3分以下 |
|---|---|---|---|
| 执行原则 | 团队领导以身作则,能有效规范、正确引导团队成员行为 | 团队领导基本能以身作则,规范、引导团队成员行为 | 团队领导不能以身作则,不能规范引导团队成员行为 |
| 绩效维度 | 团队有强绩效的团队文化,能有效落实责任、进取、成长文化 | 团队有较强绩效的团队文化,能基本落实责任、进取、成长文化 | 团队成员不能有效落实绩效文化。无责任心、无进取心、无成长意愿 |
| 关系维度 | 团队有强关系的团队文化,能有效落实信任、沟通、协作文化 | 团队有较强关系的团队文化,能基本落实信任、沟通、协作文化 | 团队成员不能有效落实关系文化。缺乏信任、不能有效沟通协作 |
| 文化执行健康度 | 高绩效文化团队 | 任务导向或绩效导向文化团队 | 平庸文化团队 |

# 第九章 团队文化理念需要思新求变

早年的华为有一个"工号制度",员工可以通过工号的数字大小判断一个人入司时间的长短,这一制度体现出华为的哪些文化特征呢?论资排辈、忠诚、稳定的雇佣关系,早期这一文化对华为的稳定发展起到了一些作用,但是随着华为不断发展壮大,任正非显然意识到了"工号制度"带来的劣势——论资排辈带来不思进取,强调稳定忠诚带来创新动力差。于是华为果断改变了让员工津津乐道的"工号制度",员工的工号重新排序,任正非本人排一万多号,从此员工无法通过工号的数字大小判断一个人入司时间的长短了[61]。

这一案例表明,企业文化必须做到与时俱进、迭代更新,同样,作为亚文化的团队文化,也需要在发展过程中不断更新完善。

## 🏆 第一节 团队文化需要应时而变

下面从企业经营的内外部环境变化给团队提出的挑战,来分析为什么团队文化需要应时而变、与时俱进。

## 一、外部竞争环境面临巨变

> **案例 9-1**
>
> ### 组建数字化业务研发部门应对竞争
>
> 某传统软件民营企业主要服务于银行业，面临激烈的市场竞争，公司下决心转型高端数字化业务，于是王威受命组建数字化业务研发部门，目的是开发出一系列数字化产品和业务，更好地服务于客户，并提升产品附加值。由此发生了一系列的团队管理问题，本章将以王威所在团队的转型为案例描述和分析团队文化完善与发展过程中会遇到怎样的挑战，以及应采取哪些措施。
>
> **思考**
>
> 为什么"变革""转型""二次创业"已经成为很多企业的主题词？
>
> **启示**
>
> 因为企业经营面临的外部环境发生了很大的变化。

数字化时代的企业面临着市场竞争环境的剧烈变化。

**第一，企业间的竞争不断加剧**。在传统服务领域，服务的利润不断变薄，企业能够获得的价值不断下降，企业必须通过创新的产品和服务来提升价值空间。以王威的团队为例，在为客户提供传统的软件开发服务时，不断有竞争对手通过降价、提供更多附加服务的方式来打击软件开发服务的价值空间，低廉的价格、高附加值的服务已经成为客户的心理预期。其次，新的竞争对手不断涌现。一些创业企业用全新的数字化服务替代了传统的软件服务，如一家名不见经传的创业企业在聚焦自身的数据业务的同时，捎带着使用数据标签业务为银行提供了更多拓展客户的方法。不断创新已经不是一个口号，而是企业和团队生存的法宝。来自IBM的调研显示，全球60%的CEO认为企业的竞争来自外部，53%的CEO认为行业之间的界限日益模糊，81%的CEO希望通过技术与客户建立更牢固的关系[62]。

**第二，客户需求不断变更**。首先，客户的需求越来越个性化。以王威所在的团队为例，即使在同一家银行，不同区域也会提出不同的信息化产品要求，因此过去一个产品打天下的时代已经过去了，企业需要通过创新的产品灵活地解决客户提出的个性化诉求,这就给团队提出了不断创新的要求。其次,客户的需求日益模糊,银行客户不仅需要产品的安全性高,同时对降低成本以及便捷服务的要求也非常高。在数字化时代,客户对供应商能够拿出怎样的产品满足自己的需求也存在种种疑惑和争议。团队必须能够深入客户现场,充分了解客户潜在需求以及未来发展的需要,与客户进行大量沟通,共同设计出最能够满足客户需求的产品,这就需要团队管理者授权给现场服务人员快速做出反应,同时也需要团队能力的不断提升。

## 二、内部发展环境受到冲击

### 案例 9-2

#### 让王威头疼的职场"新鲜人"

经过一番招兵买马后,王威欣喜地看到自己的团队组建起来了,一色儿的"90后"新鲜人,要学历有学历,要能力有能力,要创新精神有创新精神。

"70后"的王威大学一毕业就在该企业工作,现在已经干了快二十年了,他深受企业创始人的影响,企业文化当中的"责任、价值创造、拼搏奋斗"已经成为他骨子里极度认同的事实,他想象不出除了这些字眼儿,还能有什么话来形容企业文化。于是仿照企业文化的关键词并根据和团队研发工作的特点,他也给自己的团队确定了如下核心价值观:"责任、奋斗、创新、协作",算是给自己的团队也搞了一个独特的团队文化。他让负责综合工作的李姐把这几个字贴在团队宣传栏上。

工作开展三个月之后王威却笑不出来了。为什么呢?看看这些糟心的下级,他真不知道自己该说什么了。首先,入职不到一个月就有"90后"来跟他提出,他们应该把自己的办公位装饰的个性化一些,有了良好的工作环境,大家才能更好地工作。王威一想这话说得好像有道理,于是团队出资,大家购置了一些花花草草、卡通装饰等满足了大家的个性化需要。没想到,又过了两个星期,又有人提出,他们需要团建,因为高强度的工作使得他们感觉压力很大,他们的创新动力有点儿枯竭了。于是王威又咬牙带大家出去吃吃喝喝、打真人CS。这帮孩子在吃饭的时候没大没小,既不想着给领导拎包,也不想着给领导让座，自己怎么开心怎么来。王威也忍了，谁让他们都是年轻孩子呢。

让王威不能忍受的是：昨天竟然来了一位研发工程师给他提意见，认为他在工作中过分严肃，不能容忍失败，造成自己的工作压力过大。王威的领导风格与团队提出的"创新"文化完全不符合。王威有点儿压不住火儿了，他问这位工程师："那你觉得我应该怎么办啊？"没想到，这位工程师马上给他甩来一本领导力的书说："我觉得您应该看一下这本书，这本书里清楚地讲了什么样的领导是好领导。"王威工作了20年，做领导也超过10年了，现在却要一个乳臭未干的小子来告诉他该怎么当领导，这让王威的面子实在挂不住了，他大声呵斥道："你小子爱干就干，不爱干拉倒！轮不到你来教训我，告诉我该怎么当领导，我参加工作的时候，你可能还在你妈妈怀里吃奶呢！"这位团队成员怏怏不乐地走了，第二天就交来一份辞呈，决定辞职了。

王威强压怒火，让李姐与他谈了谈。本来李姐以为这位工程师一定是找好了下家才决定辞职的，没承想，这位工程师计划"裸辞"，决定回家先休息休息，再决定以后怎么办！

**思考**

为什么王威会与团队的"新鲜人"发生冲突？

**启示**

作为一个"70后"，王威的价值观与"90后"存在较大的差异。

---

上面的描述进一步说明王威的团队不仅面临着巨大的外部挑战，内部工作环境也在发生变化。

**第一，组织机构日益扁平化和沙化**。首先，数字化时代为了迎合外部环境的变化，企业越来越喜欢扁平化的组织结构，这种组织结构降低了内部沟通的成本，能够快速对外部环境的变化做出反应。以王威的企业为例，以前王威的汇报上级是总监，现在他直接向公司副总裁汇报工作。其次，组织的沙化程度越来越高，以前的组织有非常明确的组织结构、清晰的专业化分工，各部门各司其职，"专业的人办专业的事"，这种组织结构能够更好地为客户提供专业化的服务。但是组织内部条块分割，部门间沟通成本高，容易出现推诿现象，而且服务客户的流程过长，对客户需求的响应速度比较慢。因此现在的组织分工的专业化程度有所下降，组织以服务客户为存在的根本，为客户服务的相关部门可能会合并到一个项目或者团队中，以便提供最好的服务。在扁平化和沙化程度提高的情况下，团队必须学会快速反应，同时培养团队成员的相关技能，以确保更好地服务客户，迎合内部的变化。

**第二，新生代团队成员成为主力**。从团队成员的角度来看，首先，"90后""00后"团队成员会成为组织未来劳动力的主力军，作为出生于经济高速发展、社会不断进步时代的年轻人，他们普遍受过良好教育，在意个人的成长与发展，希望在工作中体现自身的价值，这就需要团队能够使用开放、包容的心态看待年轻人。其次，"90后""00后"喜欢在工作中与管理者平等相处。如2020年B站推出了"后浪"视频，是一个中年男演员对年轻人的各种致敬，表达的本意是"长江后浪推前浪"的积极态度。但是视频推出后，并没有得到年轻人的认可，年轻人嘲笑这样的视频叫"爹味言论"，年轻人希望平等沟通，不需要从长辈那里获得过多的所谓"人生经验"。案例中王威团队成员的表现就可以充分证明这一点，当团队中年轻人是主流力量，团队需要研发和创新的时候，团队文化就需要通过打造平等、包容、创新的文化来迎合团队发展的需要。

**第三，产品必须个性化才能满足需求**。从产品角度来看，首先，企业所经营的产品无法按照工业化时代的方式进行规划，客户的需求不断变更，个性化的要求逐渐增加，因此，企业的产品需要不断迭代更新满足客户日益变化的需要。其次，在产品迭代更新的过程中，需要不断试错才能确保成功，因此试错也成为团队文化的主题词之一。

使用企业经营管理的要素模型来对团队所面临的内外部变化进行分析[63]，结果如表9-1。该表可以进一步说明，团队文化需要迭代更新，才能更好地适应变化的内外部环境。

表9-1　团队面临的经营管理要素变化分析

|  | 人 | 事 |
|---|---|---|
| 外 | 用户：需求更加个性化；需求的清晰程度下降 | 环境：竞争日益激烈，价值空间不断被压缩；新的竞争对手不断涌现 |
| 内 | 组织：组织日益扁平化；组织沙化程度增高；团队成员有更高的成长需求 | 产品：产品需要更快、更好地迎合客户需求；产品要迭代更新、不断试错 |

第七章讲过根据"绩效"和"关系"维度，团队文化可以划分为四类，本书的重点是"高绩效文化"。为了打造高绩效文化，在"绩效"维度需要做到"责

任、进取、成长",在"关系"维度需要做到"信任、沟通、协作"。

根据本章第一小节的论述,当团队面临着巨大变化时,在原有"高绩效"文化的基础上,需要进一步增加以下新的要素:在"绩效"维度上增加"创新、快速迭代、试错"等要素,在"关系"维度上增加"开放、包容、平等"等要素(见图 9-1)。

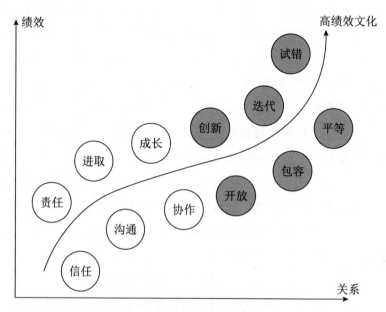

图 9-1　高绩效文化完善模型

## 🏆 第二节　绩效文化需要创新、迭代和试错

### 一、"创新、迭代、试错"是团队文化应对外部环境的法宝

创新已经成为很多组织应对 VUCA 时代的主题词之一,面对市场的激烈竞争,客户需求的快速变化,创新是最好的应对策略。苹果手机刚刚诞生的时候,并未引起当时业界老大诺基亚的重视,在诺基亚看来,苹果无法撼动诺基亚在手机市场的地位,谁知短短两年,苹果就打败诺基亚,最终,诺基亚丧失了优势不得不退出手机市场。商业领域无数案例都证明,当企业缺乏开放的心态,

无法做到持续创新的时候，也就是企业即将走向灭亡时候。对于团队来说也是这样的，作为企业的有机组成部分，团队也需要不断创新才能保证团队工作的成功。

但是要想在团队内部做到创新有很大的难度。第一，创新是有成本的，创新很难保证一定会成功，一旦创新的方向、路径和方法出现失误，创新就可能失败，创新的失败可能会导致团队业绩短期下降。第二，创新需要极大地调动团队成员的工作热情，一旦团队成员不认同团队创新的要求，就会采取"软抵制"的方式造成团队创新的失败。第三，创新需要团队的协作，也对团队管理者提出了很高的要求，"创新是一项团体运动，它会放大单独个体所做的努力。换句话说，真正富有创新力的团队能够持续地激发其成员的积极性，并将他们各自拥有的才华汇聚到同一项能够发挥群体力量的工作之中。赋予一个组织机构永葆创新的能力，才是管理者者的要务"[64]。

由于创新有很大的失败可能性，因此，创新同时意味着团队需要通过快速迭代和不断试错的方式工作，在大方向正确的情况下，通过快速迭代确保团队所提供的产品和服务能够满足市场、内外部客户的需求，通过不断试错确保团队有活力更好地创新。

## 二、"创新、迭代、试错"是文化绩效维度的有效补充

案例9-3

### 与众不同的老师

有一个教市场营销的老师非常与众不同。他去上课，从来不西装革履，而是穿运动鞋短裤，上课的时候常常喝可乐，会一边打嗝一边讲课，他讲课的时候不跟学生互动，甚至没有眼神的交流，只会拿着话筒对着空气讲。此外，他讲课的时候很少给学生留出课间休息的时间，最长的一次他足足说了四个小时。

这样"奇葩"的老师会是得到学生的喜爱吗？答案是——可以！

**思考**

为什么如此"奇葩"的老师会得到学生的喜爱？

**启示**

因为这位老师很有创新的想法,他在给企业的市场营销人员授课的时候,他的各种"奇葩"想法为学生打开了新的世界,提供了新的思考方式,让他们能够从更多角度看待市场营销的手段和策略。这位老师是典型的创新型人才。

但是,团队会欢迎这样的人才加入自己的队伍吗?答案应该是否定的。因为很多创新型人才的主要特征是天马行空、不受约束、爱好自由,甚至在团队管理者看来,他们的想法不切实际,难以落地和执行,有时候他们喜欢"夸夸其谈""信口开河",这些都会使得团队管理者对他们难以忍受。所以,当团队需要创新、迭代和试错的团队文化时,对团队来说意味着什么呢?

第一,**容忍"与众不同"的思想**。在团队会议或者团队工作中,团队管理者要能够忍受团队成员看似"与众不同""不切实际""天马行空"的想法,不要急着对他们的看法做出评判或者马上进行批评。实际上,经过团队成员不断地讨论和完善,这些看似不可能的想法是有可能通过创新的方式解决问题的。

第二,**保持"灰度"**。任正非曾经讲过:"开放、妥协、灰度是华为文化的精髓,也是一个领导者的风范"[65]。在团队管理中,团队管理者不要秉承"非对即错""非好即坏""非黑即白"的思路想问题,在大方向正确的前提下,保持灰度、妥协与开放,才能够更好地促进创新。

第三,**不要害怕失败**。不要害怕失败,容忍失败,容忍大方向正确前提下的失败,谷歌提出的"败的漂亮"就是指出容忍创新时的失败[26]。

## 三、打造安全的工作环境是"创新、迭代、试错"的基础

**案例 9-4**

### 不愿意承担责任的团队成员

在工作中,团队管理者可能会有这样的体会,有些团队成员遇到工作中的问题很少会自己想办法解决,他们采取的措施是直接去咨询团队管理者的意见,如果团队管理者让他们自己拿主意,他们就直截了当地回答:"领导,您说咋办就咋办,我没有想法。"当团队成员按照管理者的意见执行后,如果出现了

问题，他们会理直气壮地告诉管理者："这些都是你教我的，所以错了也不能怪我啊。"

**思考**

造成团队成员责任心差的原因是什么？

**启示**

很多团队管理者遇到这个现象，都会马上想到团队成员的责任心太差，其实造成这一现象的可能真不是团队成员的素质问题，而是团队管理者不能容忍失败。

---

通常在工作中，当团队成员出现问题或者犯错误的时候，管理者会如何对待他？批评和责备是免不了的，当团队成员被批评之后，会产生很多消极情绪，包括惭愧、悲伤、愤怒、不安、难过等。没有人喜欢消极情绪，所以最好的办法是什么呢？不去承担责任！不承担责任就不会犯错，这就是团队成员为什么喜欢凡事请管理者拿主意的主要原因。因此，在团队中打造创新、迭代和试错的团队成员，团队管理者需要做哪些事情呢？

**第一，当团队成员出现失误的时候，重要的不是找"背锅侠"，要通过讨论来分析团队如何避免进一步出现问题，打造团队从错误中学习的氛围。** 团队管理者不要简单地认为出现失误就会铸成大错，其实，出现失误是团队深入思考工作中存在问题的机会，更多地思考，发现问题、解决问题，才能让团队成员有更多的创新动力。

### 案例 9-5

## 护士发错药事件

在美国的一家医院，一位夜班护士给病人发错了药，幸好被另外一位护士发现了，才避免造成更大的错误。发错药的护士很紧张、很害怕，这时候，团队管理者组织大家展开了一次讨论：为什么会出现发错药的现象？发错药的护士首先发言，她非常自责，但是她同时提到她三岁的孩子发烧了，为了照顾孩子，她已经两天没有好好休息了，今天上班有点精神恍惚。第二位发言的护士是那位及时发现问题的护士，她指出发药的操作台上堆满了过多的药品，很多药品的包装都非常相似，出现问题也很常见，因此，需要护士特别小心才能避免发错药的问题。第三位发言的护士指出，夜班护士很少，但是医嘱要发的药其实很多，所以夜班护士的工作量很大，而且由于是夜班，大家都很困，所以确实容易出现问题。

讨论的结果是，团队使用更创新的方式完成未来的发药工作：（1）增加药品发放的操作台，根据药品的性质将药品放置在不同的操作台上；（2）增加同一个操作台上药品包装的标签，通过不同颜色的标签，提醒护士发药时关注药品的类型；（3）增加夜班护士人数；（4）药品发放前，有一位护士进行最终的检查。

团队管理者当然可以选择惩罚发错药的护士，但是能不能避免以后发错药的现象出现呢？答案是不能，但是通过发错药事件的讨论，使得团队能够更加高效地完成任务。

**思考**

团队出现了错误和问题，能够不使用批评的方式解决问题吗？

**启示**

肯定可以。遇到问题时，很多团队管理者的第一反应要不就是团队成员的能力太差，要不就是团队成员的工作态度不好，所以喜欢通过发脾气的方式解决问题。发脾气是不是能够解决团队成员能力和态度的问题呢？在第三章已经明确阐述过该问题——不能解决问题。因此，遇到问题，选择使用心平气和的方式进行讨论和沟通，团队共同思考解决方案，可能是解决问题更好的方法。

---

第二，不追求完美，鼓励团队成员"干起来"，通过迭代和试错的方式前进。伏尔泰说过："完美是优秀的敌人。"史蒂夫·乔布斯说过："能交付才是真正的艺术家。"很多团队都试图在自己的业务和服务达到完美后再推出，实际上，在快速变化的时代，完美可能意味着没有结果，新的想法出现以后，很难一下子做到完美，先做起来，在做的过程中不断迭代、试错，最终实现团队的目标。

第三，团队需要鼓励团队成员加强与外界的联系。团队成员在长期从事本职工作的过程中，思维容易固化，很难产生新的想法，当团队成员走出去，去接触客户、接触行业专家、接触市场，甚至是接触竞争对手，都对团队成员产生新的想法有很大的帮助。任正非曾经提出"一杯咖啡吸收宇宙能量"的说法，目的是鼓励华为的员工通过一杯咖啡与外界进行沟通和交流,吸收外界能量,不断完善和提升自己。团队管理者鼓励团队成员与外界的接触,加强学习与成长,也是一个很好的创新方式。

## 第三节 关系文化需要开放、包容和平等

### 一、"开放、包容、平等"是团队迎合内部变化的基础

在传统的文化中,人类秉承的观点是年轻人需要向年长的人学习,因为他们掌握了更多知识,也拥有更多宝贵的经验。在中国文化的传统理念当中,更是强调员工对管理者的尊重,"长幼尊卑"这一观念在中国深入人心,这一观念强调的就是等级、是秩序。就今天的团队而言,作为团队的管理者,如果在团队文化中秉承这一观点,可能会带来以下的一些问题。

第一,年轻人普遍喜欢平等、开放的沟通方式,如果过于讲究等级观念的话,可能造成团队氛围的压抑,团队成员的智慧和想法无法有效地表现出来,时间长了,就会变成"推一推、动一动"或者"做一天和尚撞一天钟"了,团队成员难以呈现出高度的工作热情。第二,团队管理者也会犯错误,尤其是当团队管理者无法深入一线了解客户情况的时候,做出的某些决策可能是错误的,耽误团队业绩的发展。第三,过于强调"长幼尊卑"会使得团队成员不愿意发表自己的看法,团队难以快速获得信息进行创新和不断迭代。面对飞速发展的环境,团队管理者需要在团队成员中间强调开放、包容和平等的文化观念。

### 案例 9-6

#### 用数据/事实驱动团队决策

在谷歌公司,不管什么时候做出决策,都需要用数据说话。例如,研发团队在开发新产品时,使用 AB 两种策略推进,在推进的过程中不断比对数据,根据比对的结果,最终确定使用哪种策略。在团队会议中,要想说服他人,最好的方法是"摆事实,讲数据",只要有充分的证据,团队会议决策的速度很快,

因为团队成员给团队管理者决策提供了充分的"弹药"。团队管理者并不是最后拍板的那个人，事实和数据才是，这种平等、开放的沟通促使团队成员愿意表达自己的观点。

由于《纸牌屋》在中国热播，奈飞公司逐渐进入中国消费者的视野，作为一家流媒体公司，奈飞通过打造一系列如《纸牌屋》这样的优秀剧作声名鹊起。奈飞公司的文化中也明确提出"事实驱动"的观点[53]。当团队需要做出决策时，可能会有各种不同的观点，奈飞的做法是把代表不同观点的几位团队成员请上台，每一个成员清晰阐述自己的观点，所有台下的团队成员，先按照自己的思路思考问题，再根据第二个人的思路继续思考，因为团队的很多问题都不是简单的"非对即错""非黑即白"的。在完整倾听发言后，团队成员分组对相应的观点进行讨论和分析，最终做出决策。

**思考**

谷歌和奈飞用数据/事实驱动决策的故事说明什么道理？

**启示**

用数据/事实驱动决策意味着团队管理者不总是正确的，管理者需要有平等、开放的心态。

## 二、"开放、包容、平等"是文化关系维度的充实与延展

### 案例 9-7

#### 无法做到"开放、包容、平等"的企业

为方便进出公司大门，A企业给全体员工颁发了车辆出入证。全体员工领到的车证是绿色的，总监以上的管理者领到的车证是红色的。二者有什么区别呢？第一，保安看见拥有红色车牌的车辆，会开门且敬礼，看到绿色车牌的车辆，只开门不敬礼。第二，红色车牌的车辆有固定停车位，而绿色车牌的车辆没有固定停车位。第三，红色车牌的车辆不需要缴纳停车费，而绿色车牌的车辆需要缴纳100元/月的停车费。

B企业的员工餐厅有一张特别的桌子，这张桌子放在餐厅的正中央，桌面

铺着红色的桌布,上面摆着鲜花,这张桌子可不是谁都能坐的。每次午餐,公司总裁和副总裁才能在这张桌子上就餐,其他的员工则可以就坐在环绕着这张桌子的其他简易桌子旁。

C企业的老张带领一个运营团队支撑企业的重点项目。一次,在开会的过程中,老张开始布置下一季度的主要工作。分配工作时,一位领任务的团队成员回嘴道:"领导,这个任务安排得不太妥当吧,年初的时候您强调的工作重点不是这个。"老张一听立刻严肃地说:"怎么,难道工作任务不能调整吗?工作重点也需要根据情况的变化进行调整吧!"这位团队成员嘟囔着说:"可是我都已经按照年初的计划把自己所有的工作重点部署好了,而且据我了解到的信息,其实重点项目需要得到的支撑不是您想的那样!"这话说得老张特别没有面子,所有团队成员都把目光转移到老张的身上。老张涨红了脸,对团队成员批评道:"以后开会是你说还是我说,要不你说得了?"这位团队成员只好闭上了嘴。

**思考**

A、B、C三家企业共同存在的企业文化特征是什么?

**启示**

不会有企业承认以下关键词:"论资排辈""领导至上""等级森严"和"长官意志",他们可能更愿意使用这样的词汇来形容自己的企业文化:"长幼有序""尊卑有序"和"秩序井然"。但是毋庸置疑的是,在数字化时代,当企业面临高度不确定的竞争环境时,当"90后""00后"走上工作岗位时,企业一直强调的文化是不是也需要与时俱进呢?很显然,A、B、C三家企业所强调的"秩序井然"未必适应时代发展所提出的要求。

---

以上案例都是笔者在企业调研期间发现的,上面几个案例谈到的企业或者团队在开放、包容、平等方面做得不够好。那么什么是开放、包容、平等呢?

第一,开放、包容、平等意味着团队管理者要摆正自己的位置,自己虽然是团队管理者,但并非全知全能的神,自己也会犯错误,也会出现各种各样的问题,因此,听取和接纳团队成员的意见与看法应该是工作中的常态。第二,开放、包容、平等意味着团队管理者不能搞特权,不能认为自己是团队管理者,自己就应该享有某方面的权力,与团队成员在一起"同甘苦、共患难"是一定要做的事情。当团队管理者认为自己高高在上的时候,团队成员会产生不公平感受,这种不公平感受会影响他们在团队的付出与奉献。第三,开放、包容、平等还意味着团队管理者有必要根据团队成员平等交流和沟通获得的信息对相关工作进行必要的调整,毕竟与客户直接接触的团队成员能够拿到更多第一手的信息和数据,他们的信息能够帮助整个团队做出更有效的决策。

## 三、树立健康心态是"开放、包容、平等"的关键

**案例 9-8**

### 什么让王威无法接受?

还记得本章开篇的王威吗?作为一个"70后"管理者,王威在企业浸润20余年,深刻地接受了企业的核心价值观。他也清楚地知道,要想更好地创新,必须充分发挥团队成员的工作积极性与主动性。道理都懂,但是落实到实际行动,却是一件难度很大的事情。当团队成员不会在聚餐的时候主动照顾领导时,已经引起了他的不悦,因为,在他的心目中,团队成员围着团队领导转才是大家应该干的,不能被团队成员簇拥使他不快。当团队成员直言不讳地说出自己的想法,并且没有当众顾及他的感受时,就引起了他的巨大不满。

**思考**

王威的怒气从何而来?

**启示**

王威的案例非常具有代表性,"70后"管理者无法接受"90后"团队成员对平等、开放、包容的诉求,他们更多体会到的是年轻团队成员的挑战、粗鲁、不服从和缺乏有效沟通。

要想打造平等、开放、包容的团队文化,团队管理者需要以身作则,大力倡导平等、开放、包容的团队文化,具体到团队管理工作中,团队管理者应该如何去操作呢?

**第一,团队管理者以身作则,不搞特殊化,做到平等对待团队成员。**由于中国文化属于"权力距离"比较大的文化,因此中国人往往期待团队成员在与

团队管理者进行沟通时保持谦恭服从的态度。如,中国的企业员工很少会直接称呼领导的名字,一般都会在姓之后直接加该管理者的职级,如王总、赵经理、李处长等。对于管理者提出的意见和要求,即使内心不是非常同意,也应该坚决执行。这些对打造平等、开放、包容的团队文化是非常不利的。要想做到平等、开放、包容,团队管理者首先应该做到不对团队成员颐指气使、高高在上、动辄发火。

## 案例9-9

### 不服从调岗的新员工

某国有企业从部队整建制转业到地方,服务于国内路桥建筑工程服务。在长达数十年的运作过程中,企业一直坚持从军队带来的文化特征——强调服从、忠诚、执行。

一位项目经理曾经向领导倾诉过自己管理员工的困惑。由于他们从事的建筑工程项目大多在偏远地区,且工作条件比较艰苦,项目团队招人难度很大,团队成员离职率很高。一位从事化工工作的团队成员离职了,项目经理想将新入职的大学生分配到这个岗位,但却遭到新员工的严词拒绝。新员工的工作态度非常不符合企业的文化要求,于是项目经理严肃地说:"你要么干,要么离职!"结果,当晚该员工就拿来了辞职报告。

对此,项目经理感到非常不理解:为什么自己年轻的时候,完全可以服从领导的命令,无条件地接受领导的批评,现在的新员工却无法做到呢?这些新员工就好像温室的花朵,不能批评也不能责备!

**思考**

项目经理的困惑说明什么?

**启示**

项目在偏远地区,工作条件艰苦,新员工不能很快适应工作环境是正常的。在这种情况下,就需要团队管理者采取一些手段和方法给新员工提供帮助。这位项目经理在新员工尚未适应工作环境时,就采取了简单粗暴的方式对员工进行管理,成为员工离职的最后一根稻草。

这位项目经理也道出了很多团队管理者的心声，为什么现在的年轻人好像不能批评，不能责备，其实不是他们不能接受批评和责备，而是他们希望在平等、开放的工作环境中与团队管理者进行沟通，团队管理者必须学会改变只会发号施令的沟通方式。

**第二，坚持清晰、公开、坦诚和持续的沟通**。在与团队成员进行沟通的过程中，保持开放的心态，团队成员可以自由地提出意见、建议和各种问题，团队管理者要去倾听这些意见、建议和问题，尽自己所能或者尽团队所有成员所能回答相关的问题，思考团队成员提出的建议。同样，团队管理者也要学会表达自己对团队的感受，无论这种感受是好是坏。当然，当团队管理者表达自己消极的感受时，需要保持客观、中立的态度清晰地描述事实，而非表达自己的消极情绪。

案例9-10

### "愿景型领导"的作用也许没有那么大！

一位老师在给 MBA 学生讲课时，特别谈到愿景型领导对员工巨大的感召作用。没想到，一位学生站起来激烈地反驳了老师的观点。作为一个来自企业一线的员工，他认为很多谈愿景的领导无非是想"忽悠"员工，通过"画大饼"的方式，给自己的企业省几个钱而已。这件事给老师带来很大震动，也带来很大启发。课后，老师认真思考了学生的看法，也搜集了很多文献，最终做了一个这样的研究——在哪些条件下愿景型领导才能够产生巨大的感召作用，愿景型领导并不总是能够产生作用，其作用是有边界条件的。

**思考**

这一事件说明什么道理？

**启示**

让团队成员充分发表自己的意见和看法，会带来很多好处！老师当然可以阻止学生继续发表他的言论，毕竟大量的研究成果都认为愿景型领导对企业业绩产生了正向的影响，但是学生的话促使老师去认真思考愿景型领导的积极与消极作用，最终做出了创新性的研究。当团队管理者保持开放、包容、平等的心态去带队伍的时候，在团队打造开放、包容、平等的团队氛围时，也能够帮助团队取得更大的工作业绩。

**第三，建立一些规则、工具和方法，以打造平等、开放、包容的团队文化。**由于种种原因，打造平等、开放、包容的团队文化存在一定的难度，因此，团队管理者可以考虑引入一些工具促进团队文化建设。如奈飞为了加强沟通，要求所有的团队通过"开始、停止、保持"来进行反馈，每一个团队成员给团队管理者和其他团队成员写出一件要马上开始做的事情，一件需要马上停止的事情，以及一件做得好可以保持的事情，这样的沟通经常进行，确保团队能够平等、开放地沟通。再比如，谷歌要求所有的决策都以数据为依据，只要团队成员能够拿出有说服力的数据和事实，团队管理者就会按照团队成员的看法进行决策。

**行动指南**

**1. 团队文化需要应时而变。**
（1）团队面临的外部竞争环境发展变化；
（2）团队内部的工作环境也在发生变迁。

**2. 通过"创新、迭代、试错"，完善团队文化的绩效维度。**
（1）创新、迭代、试错"文化是团队应对外部环境的法宝；
（2）打造安全的工作环境是"创新、迭代、试错"的基础。

**3. 运用"开放、平等、包容"，发展团队文化的关系维度。**
（1）"开放、包容、平等"文化是团队迎合内部变化的基础；
（2）树立健康心态是"开放、包容、平等"的关键。

 测评

# 团队文化完善健康度测评

以下是团队文化完善健康度测评，1= 非常不同意，5= 非常同意。团队文化的环境维度、绩效维度、关系维度三个维度可以分别计算平均分，分数越接近 5 分，说明该维度的健康度越高。如果分数低于 3 分，则说明在该维度你需要花费时间和精力去优化。

请根据你所带领团队实际情况，对下面题目进行评估。

| 维度 | 测 评 题 目 | 非常不同意 | 不同意 | 中立 | 同意 | 非常同意 |
|---|---|---|---|---|---|---|
| 环境维度 | 团队能适应外部竞争环境变化 | 1 | 2 | 3 | 4 | 5 |
| | 团队能适应内部竞争环境变化 | 1 | 2 | 3 | 4 | 5 |
| | 团队文化会应时而变 | 1 | 2 | 3 | 4 | 5 |
| | 该项平均分 | | | | | |
| 绩效维度 | 团队成员在工作中，擅长在岗革新 | 1 | 2 | 3 | 4 | 5 |
| | 团队成员善于发现问题、分析问题，并能用最优的方法解决问题 | 1 | 2 | 3 | 4 | 5 |
| | 团队成员行动敏捷，能在工作中不断迭代更新 | 1 | 2 | 3 | 4 | 5 |
| | 鼓励团队成员颠覆性创新，在不断迭代中，创新—反馈—创新 | 1 | 2 | 3 | 4 | 5 |
| | 允许团队成员试错，有容错文化 | 1 | 2 | 3 | 4 | 5 |
| | 团队领导能容忍失败 | 1 | 2 | 3 | 4 | 5 |
| | 该项平均分 | | | | | |
| 关系维度 | 团队内部不搞小团体 | 1 | 2 | 3 | 4 | 5 |
| | 团队领导与团队成员平时交流多，除工作外，会聊生活、家庭 | 1 | 2 | 3 | 4 | 5 |
| | 团队成员人人平等，畅所欲言 | 1 | 2 | 3 | 4 | 5 |
| | 团队例会时，允许有不同意见，团队领导能一一反馈 | 1 | 2 | 3 | 4 | 5 |
| | 该项平均分 | | | | | |

**【结果分析与说明】**

| | 4～5分 | 3～4分 | 3分以下 |
|---|---|---|---|
| 环境维度 | 能有效应对内外部竞争环境的变化，应时而变 | 基本能应对内外部竞争环境的变化 | 不能很好应对内外部竞争环境的变化 |
| 绩效维度 | 团队创新意识强，在工作中不断迭代、创新，允许失败 | 团队创新意识较强，在工作中能基本做到迭代、创新，允许一定程度的失败 | 团队创新意识不强，在工作中不能做到迭代、创新，不允许失败 |
| 关系维度 | 团队开放、平等、凝聚力强，允许不同声音的出现 | 团队基本开放、平等、凝聚力较强，能允许一些不同声音的出现 | 团队领导"一言堂"，凝聚力不强，不允许不同声音的出现 |
| 文化完善健康度 | 高绩效文化团队 | 任务导向或绩效导向文化团队 | 平庸文化团队 |

# 参考文献

[1] [美]斯科特·默克.核战边缘——古巴导弹危机：冷战中的三方博弈[M].胡思敏,肖长伟译.杭州：浙江出版集团数字搐传媒有限公司,2019.

[2] [以色列]尤瓦尔·赫拉利.人类简史：从动物到人类[M].林俊宏译.北京：中信出版集团,2017.

[3] [美]斯蒂芬·P.罗宾斯,蒂西莫·贾齐.组织行为学（第十五版）[M].北京：清华大学出版社,2017.

[4] Hackman J R. The design of work teams. In: Golembiewski R T. Handbook of Organizational Behavior. Prentice Hall: Upper Saddle River,1987.315—342.

[5] [日]麻野耕司.为什么精英可以打造十倍高效团队[M].郭勇译.长沙：湖南文艺出版社,2020.

[6] [美]里奇·卡尔加德,迈克尔·马隆.如何创建天才团队[M].王素婷,任苗,浦千里译,成都：四川人民出版社,2019.

[7] [英]罗宾·邓巴.人类的算法[M].胡正飞,译.成都：四川人民出版社,2019.

[8] Patrick Lencioni. The Five Dysfunctions of a Team: A Leadership Fable. San Francisco: Jossey – Bass, 2002.

[9] Nadler D A, Hackman J R. et al. Managing Organizational Behavior. Boston: Little Brown, 1979.

[10] [美]切斯特·巴纳德.经理人员的职能[M].李丹,译.北京：电子工业出版社,2016.

[11] [美]斯蒂芬·P.罗宾斯,玛丽·库尔特.管理学（第13版）[M].刘刚,程熙鎔,梁晗等译.北京：中国人民大学出版社,2017.

[12] [美]弗雷德·考夫曼.意义革命：成为卓有成效的领导者[M].刘洋,译.北京：中信出版社,2020：190—192.

[13] 焦叔斌，杨文士. 管理学（第五版）[M]. 北京：中国人民大学出版社，2019：72.

[14] [美]詹姆斯·库则斯，巴里·波斯纳. 领导力：如何在组织中成就卓越（第六版）[M]. 徐中，沈小滨译. 北京：电子工业出版社，2018.

[15] Colney D T. The "Vision Thing" and School Restructuring. Ossc Report, 1992,32(1):1-8.

[16] [美]詹姆斯·柯林斯，杰里·波拉斯. 基业长青[M]. 真如译. 北京：中信出版社，2009.

[17] [美]亚当·杜兰特. 沃顿商学院最受欢迎的思维课[M]. 王非，卓海冰译. 北京：中信出版社，2018.

[18] Baumeister R F, Vohs K D, et al. Some key differences between a happy life and a meaningful life. The Journal of Positive Psychology, 2013, 8(6):505—516.

[19] 百度百科. 选择性知觉[EB/OL].2021-01-26. [2021-04-21]https://baike.baidu.com/item/%E9%80%89%E6%8B%A9%E6%80%A7%E7%9F%A5%E8%A7%89/10845515?fr=aladdin

[20] [美]海蒂·格兰特·霍尔沃森. 成功，动机与目标[M]. 汤珑译. 南京：译林出版社，2013.

[21] [美]查理·佩勒林. 4D卓越团队：美国宇航局的管理法则[M]. 李雪柏译. 北京：中华工商联合出版社，2014.

[22] [美]大卫·贾斯特. 行为经济学[M]. 贺京同，高林译. 北京：机械工业出版社，2016.

[23] [美]丹尼尔·卡尼曼. 思考快与慢[M]. 胡晓姣，李爱民，何梦莹译. 北京：中信出版社，2012.

[24] [美]埃里克·施密特等. 重新定义公司：谷歌是如何运营的[M]. 靳婷婷，陈序，何晔译. 北京：中信出版社，2015.

[25] 姚琼. OKR使用手册[M]. 北京：中信出版社，2019.

[26] [美]约翰·杜尔. 这就是OKR：让谷歌、亚马逊实现爆炸性增长的工作法[M]. 曹仰锋，王永贵译. 北京：中信出版社，2018.

[27] [英]戴维·哈尔彭. 助推：小行动如何推动大变革（实践版）[M]. 梁本彬，于菲菲，潘翠翠译. 北京：中信出版社，2018.

[28] [美]斯蒂芬·P. 罗宾斯. 组织行为学（第七版）[M]. 孙建敏，李原等译. 北京：中国人民大学出版社，1997.

[29] [美]阿图·葛文德. 清单革命[M]. 王佳艺译. 杭州：浙江人民出版社，2012.

[30] [美]戴维·迈尔斯. 社会心理学（第八版）[M]. 张智勇，乐国安，侯玉波等译. 北京：

人民邮电出版社，2006.

[31] 美国陆军，美国领导交流协会. 美国陆军领导力手册 [M]. 向妮译. 北京：中国社会科学出版社，2004：60.

[32] 邱昭良. 复盘+：把经验转化为能力 [M]. 北京：机械工业出版社，2015.

[33] Trope Y, Liberman N. Construal-level theory of psychological distance. Psychological Review, 2010, 117(2): 440.

[34] 尚夕琼. 基于缄默知识视角下的高解释水平对自我控制效益的研究 [D]. 内蒙古师范大学，2019.

[35] Sweeney A M，Freitas A L. Relating action to abstract goals increases physical activity reported a week later. Psychology of Sport & Exercise, 2014(4)：364—373.

[36] Fujita K, Han H A. The effect of construal levels on evaluative associations in self-control conflicts. Psychological Science, 2009(20): 799—804.

[37] 华生旭. 情绪效价对解释水平的影响及其与心理距离的交互作用 [D]. 西南大学，2013.

[38] 陈中. 复盘：对过去的事情的思维演练 [M]. 北京：机械工业出版社，2017.

[39] 刘涛. 医改环境下医疗器械行业外资企业渠道创新研究 [D]. 北京邮电大学，2020.

[40] 熊晓. M公司高效商业化团队建设研究 [D]. 中国地质大学（北京），2020.

[41] 石世英，齐寒月，叶晓甦，王一新. 基于扎根理论的PPP项目团队能力结构研究 [D]. 建筑经济，2021(42):46—50.

[42] [美] 约瑟夫·格雷尼等. 关键影响力——如何调动团队力量 [M]. 毕崇毅译. 北京：机械工业出版社，2017.

[43] [美] 阿德里安·高斯蒂克，切斯特·埃尔顿. 高绩效团队：VUCA时代的5个管理策略 [M]. 陈召强译. 北京：中信出版集团，2019.

[44] [美] 斯蒂芬·P. 罗宾斯，蒂莫西·A. 贾奇. 组织行为学（第14版）[M]. 孙健敏，李原，黄小勇译. 北京：中国人民大学出版社，2012.

[45] 陈颖杰. 我国上市公司股权激励制度探析 [J]. 老字号品牌营销，2020(09):31-32.

[46] Byron K. Carrying Too Heavy a Load? The Communication and Miscommunication of Emotion by Email[J]. Academy of Management Review, 2008, 33(2):309—327.

[47] Boswell W R, Olson-Buchanan J B. The Use of Communication Technologies after Hours: the Role of Work Attitudes and Work-Life Conflict[J]. Journal of Management: Official Journal of the Southern Management Association, 2007, 33(4):592—610.

[48] Sayah S. Managing Work–life Boundaries with Information and Communication Technologies: The Case of Independent Contractors[J]. New Technology Work & Employment, 2013, 28(3):179—196.

[49] [美] 斯蒂文 L. 麦克沙恩. 组织行为学（第 7 版）[M]. 吴培冠, 张璐斐译. 北京: 机械工业出版社, 2018.

[50] 王冰清, 黄雨薇. 疫情冲击下我国在线旅行社发展研究——以携程为例 [D]. 经济研究导刊, 2021(08):38—41.

[51] 孙健敏, 徐世勇. 组织行为学 [M]. 北京: 中国人民大学出版社, 2018.

[52] 凯迪, 段红. 看不见的管理: 企业文化管理才是核心竞争力 [M]. 北京: 电子工业出版社, 2014.

[53] [美] 戴维·迈尔斯. 社会心理学（第 11 版）[M]. 侯玉波, 乐国安, 张智勇译. 北京: 人民邮电出版社, 2016.

[54] 陈谏, 王启军. 企业团队与文化 [M]. 北京: 企业管理出版社, 2015.

[55] [美] 本·霍洛维茨. 你所做即你所是: 打造企业文化的策略与技巧 [M]. 钟莉婷译. 北京: 中信出版社, 2020.

[56] [美] 郭士纳. 谁说大象不能跳舞 [M]. 张秀琴等译. 北京: 中信出版社, 2003.

[57] [加] 罗杰·马丁. 责任病毒: 如何分派任务和承担责任 [M]. 方海萍, 魏清江, 范海滨译. 北京: 机械工业出版社, 2019.

[58] [美] 惠特尼·约翰逊. 颠覆式成长 [M]. 张瀚文译. 北京: 中信出版社, 2018.

[59] [美] 史蒂芬·M. R. 柯维, 丽贝卡·R. 梅里尔. 信任的速度 [M]. 王新鸿译. 北京: 中国青年出版社, 2021.

[60] 田涛, 吴春波. 下一个倒下的会不会是华为 [M]. 北京: 中信出版社, 2012.

[61] IBM 商业价值研究院. IBM 商业价值报告: 创新的范式 [M]. 北京: 东方出版社, 2018.

[62] 路江涌. 共演战略: 重新定义企业生命周期 [M]. 北京: 机械工业出版社, 2018.

[63] [美] 琳达·希尔. 如何领导天才团队 [M]. 李芳译. 成都: 四川人民出版社, 2019.

[64] 周锡冰. 华为管理课: 从狼性文化到灰度管理 [M]. 南昌: 江西人民出版社, 2016.